Werner Kohrs

**rowohlts monographien
begründet von Kurt Kusenberg
herausgegeben
von Klaus Schröter**

# Amenophis IV. Echnaton

mit Selbstzeugnissen
und Bilddokumenten
dargestellt von
Hermann A. Schlögl

Rowohlt

Dieser Band wurde eigens für «rowohlts monographien» geschrieben
Den Anhang besorgte der Autor
Herausgeber: Klaus Schröter
Mitarbeit: Uwe Naumann
Assistenz: Erika Ahlers
Schlußredaktion: K A. Eberle
Umschlagentwurf: Werner Rebhuhn
Vorderseite: Echnaton, Amarna-Zeit um 1350 v. Chr.
(Ägyptisches Museum, Berlin-Charlottenburg)
Echnaton und Nofretete mit ihren Töchtern unter der Strahlensonne.
Rückseite: Altarrelief. Amarna um 1350 v. Chr. Kalkstein (Ägyptisches
Museum, Berlin-Charlottenburg)


Veröffentlicht im Rowohlt Taschenbuch Verlag GmbH,
Reinbek bei Hamburg, März 1986
Copyright © 1986 by Rowohlt Taschenbuch Verlag GmbH,
Reinbek bei Hamburg
Alle Rechte an dieser Ausgabe vorbehalten
Satz Times (Linotron 202)
Gesamtherstellung Clausen & Bosse, Leck
Printed in Germany
980-ISBN 3 499 50350 6

# Inhalt

Vorbemerkung 7
Einleitung 9
Götter überall 14
Die königlichen Eltern 30
Die Thronbesteigung 40
Eine Revolution von oben 43
Die neuen Männer des Staates 53
Die Stadt des Aton 58
Ein neuer Kunststil 74
Echnaton – ein Kranker? 86
Die Vollendung des Werkes 90
Außenpolitik und Verwaltung 100
Die letzten Jahre des Königs 110
Die Erben des Reiches 117

Anmerkungen 128
Zeittafel 133
Zeugnisse 135
Bibliographie 138
Namenregister 144
Danksagung 146
Über den Autor 147
Quellennachweis der Abbildungen 148

*Echnaton, Porträtkopf nach 1350 v. Chr., Kalkstein mit antik ergänzter Krone. Kestner-Museum Hannover*

# Vorbemerkung

Im Jahre 1522 schrieb der florentinische Staatssekretär Niccolò Machiavelli in seinem berühmten politisch-historischen Werk «Discorsi» die Sätze: «So hat das Königreich Ägypten trotz der außerordentlichen Annehmlichkeit seiner Landschaft durch den Zwang seiner Gesetze die vorzüglichsten Männer hervorgebracht; wären ihre Namen in den uralten Zeiten nicht verschollen, so würde man sehen, daß sie mehr Ruhm verdienten als Alexander der Große und viele andere, deren Andenken noch in frischer Erinnerung ist.» Diese Worte zeigen anschaulich, wie wenig damals über das alte Ägypten bekannt war. Man wußte eben nur gerade das, was griechische oder römische Autoren in verschleierter oder bruchstückhafter Weise überlieferten. Erst die Entzifferung der Hieroglyphen («heilige Eingrabungen») – so bezeichneten die Griechen ehrfürchtig die altägyptische Schrift – durch den Franzosen Jean-François Champollion im Jahre 1822 machte es möglich, die auf uns gekommenen Originaltexte zu lesen. Seither haben Generationen von Ägyptologen die dreitausendjährige Geschichte der alten Hochkultur am Nil erforscht und wieder lebendig werden lassen. Nur ihrer Arbeit ist es zu verdanken, wenn Leben und Werk des Königs Echnaton in Bildern und Selbstzeugnissen vorgestellt werden können. Dabei soll aber nicht verschwiegen werden, daß viele Details aus dem Leben dieses wohl berühmtesten Pharao im dunkeln liegen und vielleicht erst durch zukünftige Forschungsarbeit aufgehellt werden können.

Ein Problem stellt die Umschreibung der ägyptischen Eigennamen dar, denn die Hieroglyphen drücken nur Konsonanten aus, während die Vokale wie in der arabischen oder hebräischen Schrift unbezeichnet bleiben. Da in der Regel die Vokalisation nicht bekannt ist, müßte man sich eigentlich mit einer Abfolge von Konsonanten begnügen. Statt dessen bedient man sich einer Methode, die zwar nicht korrekt ist, andererseits aber hilft, solche Konsonantenungeheuer zu vermeiden: Man funktioniert einige schwache Konsonanten zu Vokalen um, und wo das nicht ausreicht, schiebt man zwischen zwei Konsonanten den Vokal «e» ein. Zusätzlich greift man auch auf die von den Griechen überlieferten Benennungen zurück. Von einigen Eigennamen wissen wir allerdings die korrekte Vokalisation; dazu gehören bemerkenswerterweise die Namen von

König Echnaton und seiner Gemahlin Nofretete. Gerhard Fecht konnte nachweisen, daß die Namen des Herrscherpaares «Achanjati» und «Nafteta» ausgesprochen wurden.[1]* Wenn wir hier – trotz besseren Wissens – bei den alten Bezeichnungen bleiben, so nur deshalb, weil sie in dieser Form einem breiten Publikum geläufig sind.

---

* Die hochgestellten Ziffern verweisen auf die Anmerkungen S. 128f.

# Einleitung

Der längste und gewaltigste Strom Afrikas ist der Nil, der auf seinem Weg zum Meer Ägypten durchzieht und der heute wie in alter Zeit dem Lande die Lebensgrundlage spendet. Entscheidenden Anteil hatte der Fluß an der kulturellen und religiösen Entwicklung der pharaonischen Geschichte, ja er bestimmte in gewissem Umfang die historischen Ereignisse, denn die Landschaft prägte das Denken und Fühlen der Ägypter.

Im Seengebiet von Äquatorialafrika entspringt der Weiße Nil und verbindet sich in der Nähe der sudanesischen Hauptstadt Khartum mit dem Blauen Nil, der im abessinischen Hochland seinen Ursprung hat. Auf seinem Weg nach Norden muß der gewaltige Strom sechsmal steinerne Barrieren von Urgestein durchbrechen, die Stromschnellen (Katarakte) entstehen lassen. Der letzte dieser Katarakte liegt bei Assuan; er markierte seit alter Zcit die Südgrenze Ägyptens. (Wir pflegen heute die Stromschnellen von Norden nach Süden zu zählen; der Assuan-Katarakt ist demnach der erste.) In der Gegend von Kairo teilt sich der Nil in zwei Arme – im Altertum waren es sieben –, um sich dann mit seinen Wassermassen ins Mittelmeer zu ergießen. Das Land Ägypten gliedert sich so in zwei sehr verschiedene Teile: Die nördliche Hälfte (Unterägypten) ist durch eine ebene, gut bewässerte, fruchtbare Landschaft gekennzeichnet, welche die Form eines Dreiecks bildet. Die südliche Hälfte (Oberägypten) hat eine völlig andere Struktur: Eine sandig-flache, weiter südlich eine gebirgig-felsige Wüste rückt nahe an den Flußlauf heran und läßt nur in seiner unmittelbaren Nähe Leben zu. Alljährlich stieg der Nil (der Assuan-Staudamm verhindert dies heute) infolge des starken Regens und der Schneeschmelze in den abessinischen Hochgebirgen und brachte fruchtbaren Schlamm nach Ägypten, welcher sich an den Ufern ablagerte und einen ertragreichen Ackerbau ermöglichte. Als zu Beginn der geschichtlichen Zeit (um 3000 v. Chr.) Ober- und Unterägypten unter einer Herrschaft vereint, die Hieroglyphenschrift erfunden und der Kalender eingeführt wurden, nahm man den Zeitpunkt der Nilüberschwemmung als Termin für den Jahresanfang.

Im Laufe des dritten Jahrtausends vor Christus konnte die ägyptische Kultur unberührt von äußeren Feinden heranreifen; an den Grenzen des Reichs lebten nur Nomaden, die dem Nilland zu keiner Zeit gefährlich

*Oberägyptisches Wüstengebirge*

*Kataraktlandschaft bei Assuan*

werden konnten. Das sonst rohstoffarme Ägypten war reich an verschiedensten Gesteinssorten, und schon früh hatten die Ägypter gelernt, dieses Material meisterhaft zu beherrschen. So schuf man die Voraussetzung, Statuen und Reliefs herzustellen und monumentale Architekturwerke wie etwa die Pyramiden zu errichten.

An der Spitze des Staates und des religiösen Lebens stand als ordnende Macht der König, der göttlich, aber nicht Gott war. Um seine Regierungsgewalt auszuüben, delegierte der Herrscher die königliche Gewalt an Beauftragte. Aus solchen Delegationen entstanden die Ämter, wie es etwa bei den beiden Veziren (ursprünglich gab es nur einen) als Chefs der Zentralverwaltung und bei den Hohenpriestern bedeutender Tempel der Fall war. Obwohl die Tendenz bestand, die Ämter als Erbe weiterzugeben, konnte der König jederzeit in deren Befugnisse eingreifen oder andere Amtsträger ernennen. Das Land wurde zentralistisch, das heißt von einer Residenz aus, regiert. Schon bald nach der Reichseinigung um 3000 vor Christus wurde am Schnittpunkt von Ober- und Unterägypten die Stadt Memphis gegründet und als Regierungszentrale ausgebaut. Später gab es andere Orte, die zur Residenz aufstiegen; so behauptete sich Theben lange Zeit als Hauptstadt des Landes. Aber die Ausdehnung Ägyptens

*Nillandschaft*

*Das Land Ägypten*

und die Unterschiedlichkeit der beiden Landeshälften erforderten eine Territorialverwaltung, die durch Beamte wahrgenommen wurde, welche im Auftrag der Zentralregierung handelten. Schon in der Antike hat man die ägyptischen Könige in Dynastien, in Herrscherhäuser eingeteilt und man zählte vom Beginn der geschichtlichen Zeit bis zum Ende des pharaonischen Ägyptens 30 Dynastien.

Der größte Teil der Bevölkerung war in der Landwirtschaft beschäftigt, und man kann das alte Ägypten als einen Bauernstaat bezeichnen. Doch muß hier einschränkend gesagt werden, daß nur eine privilegierte Schicht eigenen Grund und Boden besaß, während die Mehrzahl der Menschen in einem Abhängigkeitsverhältnis zu den Staatsbesitzungen stand. Zu diesen Staatsbesitzungen gehörten die Wirtschaftsbetriebe bedeutender Tempel, die teilweise über große Ländereien, ja sogar über Bergwerke verfügten. Das gleiche Abhängigkeitsverhältnis galt auch für den Handwerksbereich, der eine beträchtliche Vielfalt aufwies. Die Tätigkeiten sind in den Gräbern der Vornehmen abgebildet: Da gab es Schmuck-, Leder- und Metallarbeiter, Maler, Bildhauer und Reliefkünstler, Tischler, Steinbrucharbeiter, Bäcker und Metzger, kurz eine ganze Palette von handwerklichen Berufen. Frauen dagegen waren vorwiegend im häuslichen Bereich tätig, wobei sie aber eine sozial angesehenere Stellung einnahmen, als dies sonst in irgendeinem anderen antiken Staat der Fall gewesen ist.

Als Zahlungsmittel dienten ausschließlich Naturalien; «Geld» gab es im alten Ägypten nicht.

# Götter überall

Amenophis IV., der Pharao, der sich später Echnaton nannte, war der große Religionsstifter und Philosoph auf dem Königsthron. Seine Abneigung, ja sein Haß wandte sich gegen die Götter seines Landes; ihre Verehrung und ihr Andenken wollte er für immer vom Angesicht der Erde tilgen und nur noch seinen Gott Aton als einzigen und wahren anerkennen.

Was waren das für Götter, die der König verfolgte? Welche Bedeutung hatten sie und in welchen Erscheinungsformen offenbarten sie sich den Menschen?

Die Götter Ägyptens sind nicht durch theologische Überlegungen entstanden, sondern sie verdanken ihren Ursprung dem direkten Erleben. In allem, was auf der Erde oder am Himmel wahrgenommen wurde, konnte sich die Macht eines Gottes oder einer Göttin manifestieren. Die Zahl der numinosen Wesen ist deshalb Legion, und ihre Bilddarstellungen sind oft verwirrend. Nach den Vorstellungen der Ägypter wohnten die Götter im Himmel oder in der Unterwelt. Auf Erden erbauten die Menschen ihnen Tempel, so daß auch hier die Götter ihre Wohnung nehmen konnten. Ihre Kultbilder aus Gold oder Stein waren im innersten Teil des Tempels aufgestellt, und nur wenige auserwählte Priester hatten dort Zutritt, um den täglichen Dienst zu versehen. Auch die übrigen Räume des Gotteshauses waren nur einem privilegierten Personenkreis zugänglich; der einfache Gläubige sprach an den Tempeltoren seine Gebete.

An der Spitze des Pantheon stand seit dem Beginn des 2. Jahrtausends vor Christus der Reichsgott Amun. Sein Name bedeutet «der Unsichtbare» oder «der Verborgene». Er war der Gott des Windhauchs und zugleich auch der Herr des Lebensodems, der alle Dinge beseelt. In einem Beinamen wurde er auch als «Mächtigster der Mächtigen» bezeichnet.[2] Die bedeutendste Kultanlage des Nillandes, die Tempelstadt von Karnak, war ihm geweiht. Generationen von Königen haben an ihr gebaut und sie erweitert. Kriegszüge wurden in Amuns Namen gemacht, und durch ihre Beute floß ein ungeheurer Reichtum seinen Tempeln zu. Später haben die Griechen diesen Gott mit Zeus gleichgesetzt.

In der Kunst erscheint Amun in der Regel ganz in Menschengestalt mit einer hohen Federkrone als Kopfschmuck. In der Hauptstadt Theben (das heutige Luxor liegt zum Teil auf den Ruinen dieser Stadt) stellte man

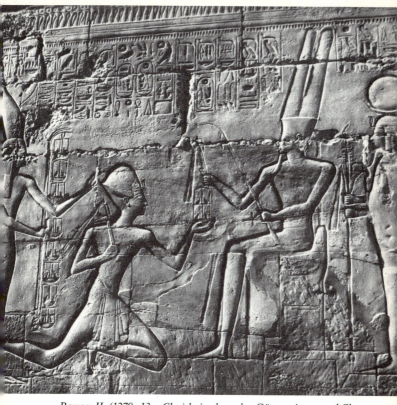

*Ramses II. (1279–13 v. Chr.) kniend vor den Göttern Amun und Chons, hinter dem König stehend die Göttin Mut. Relief im Tempel von Karnak*

ihm die Göttin Mut («Mutter») als Gemahlin zur Seite, die, bevor sie mit Amun in Verbindung kam, nur eine bescheidene Gottheit war. Als Kind dieser beiden galt der Mondgott Chons («der Wanderer»), der großes Ansehen in Theben hatte. Seine Jugendlichkeit zeigte sich im immer wieder erneuerten Mond. Er war außerdem Orakelgottheit und wurde als Nothelfer gegen böse Tiere und Krankheiten angerufen. Häufig wird er in den Darstellungen als Mensch mit ungegliedertem Körper wiedergegeben. Als Attribut erscheint auf seinem Haupt der Mond in beiderlei Gestalt, nämlich Mondsichel und Mondscheibe.

In Theben wurden die Götter Amun, Mut und Chons als Dreiheit (Triade) verehrt. Die Ägypter hatten die Tendenz, die Vielzahl der gött-

*Ramses II. flankiert von der Göttin Sachmet (rechts) und dem Gott Ptah (links). Ägyptisches Museum Kairo*

lichen Wesen systematisch zu ordnen, und so war es denn ganz naheliegend, Götterpaare und Götterfamilien zusammenzustellen. Auch die alte Hauptstadt Memphis besaß eine solche Triade. Im Mittelpunkt der Verehrung stand dort der Gott Ptah (Name nicht deutbar). Er wurde als Schöpfergott angesehen, und ein wichtiger religiöser Text, das sogenannte Denkmal memphitischer Theologie (heute aufbewahrt im Britischen Museum), berichtet, daß Ptah durch Gedanken und Worte die Welt erschaffen habe. Vor allem aber war er der Schutzherr jeglicher handwerklicher Kunst, und sein Hoherpriester trug den bezeichnenden Titel «Oberster der Leiter der Handwerkerschaft». Die Bildwerke zeigen uns den Gott menschengestaltig mit ungegliedertem Körper und eng anliegender Kappe auf dem Haupt. Als Gemahlin stand ihm Sachmet («die Mächtigste») zur Seite. Sie wurde als Frau mit Löwenkopf dargestellt und trug die zwielichtige Natur des Löwen in ihrem Wesen. Den Feinden begegnete sie mit verderbenbringender Macht, aber auch den Ägyptern konnte sie gefährliche Krankheiten schicken. Für eine Heilung war es dann notwendig, die Göttin zu besänftigen. Als Kindgott trat zu diesem Paar Nefertem («der vollkommen Schöne»), der sich in der Lotusblume manifestierte. Er war Duftgott und Herr des königlichen Hofparfums.

Ebenfalls in Memphis wurde schon in ältester Zeit der Gott Apis verehrt, dessen Kultbild ein lebender Stier war und der die Fruchtbarkeit des ganzen Landes garantieren sollte. Später wurde er als Herold oder als Abbild des Ptah verstanden. Bei den antiken griechischen Schriftstellern erregten der Apis und sein Kult große Aufmerksamkeit. So schreibt zum Beispiel Diodor von Sizilien (1. Jahrhundert v. Chr.): «Wenn er [der Apis-

*Balsamierungstisch aus Alabaster (monolithisch) für den Apisstier in Memphis, um 700 v. Chr.*

*Der Gott Chepre und Sethos I. (1290–79 v. Chr.).
Aquarell nach einem Pfeilerrelief im Grab des Königs im
Tal der Könige, Theben-West, von Giovanni B. Belzoni*

stier] gestorben und prächtig begraben ist, suchen die Priester, die dafür ausersehen sind, ein Kalb, das an seinem Körper Merkmale trägt, welche dem vorherigen Tier ähnlich sind. Wenn es gefunden ist, hört das Volk mit der Trauer auf.»[3]

Über die Nekropole von Memphis herrschte der Totengott Sokar, eine der vielen Falkengottheiten Ägyptens; er wurde in der Regel mit unge-

*Die Göttin Maat. Bemaltes Relief im Grab des Königs Haremhab (1319–1293 v. Chr.) im Tal der Könige, Theben-West*

gliedertem Leib dargestellt. Sein Name findet sich noch heute in der Ortsbezeichnung Sakkara.

Zu den größten Göttern des Landes gehörte zweifellos seit der zweiten Hälfte des 3. vorchristlichen Jahrtausends der Sonnengott Re. Er war der Schöpfergott schlechthin, und seine Bedeutung wurde schon dadurch unterstrichen, daß jeder König sich in seiner Titulatur als «Sohn des Re»

*Der Gott Osiris. Malerei im Grab des Königs
Haremhab im Tal der Könige, Theben-West*

bezeichnete. Er war der Erhalter der Welt, und man stellte sich vor, daß der Sonnengott in einer Barke am Tage den Himmel und in der Nacht die Unterwelt durchfahre. Heliopolis war sein bevorzugter Kultort, der im religiösen Leben eine bedeutende Rolle spielte, politisch dagegen kaum hervortrat.

Die Tochter des Sonnengottes Re war die Göttin Maat. Sie war die Personifikation der Weltordnung, die der Schöpfer bei der Schaffung der

*Die Göttin Isis und Haremhab. Bemaltes Relief im Grab des Königs im Tal der Könige, Theben-West*

Welt gesetzt hatte. In der Kunst erscheint die Göttin als Frau mit einer Feder auf dem Kopf, die ihr Schriftzeichen darstellt. Als abstrakter Begriff hat Maat auch die Bedeutung von «Wahrheit» und «Gerechtigkeit». In einem altägyptischen Text heißt es: «... die Richtschnur der Welt ist das Verwirklichen der Maat.»[4] So verwirklichte der Sonnengott die Maat im Kosmos, auf Erden tat dies der König.

Obwohl der Gott, in dem sich die Sonne verkörperte, Re hieß, gab es auch andere Sonnengötter; in jedem kam eine besondere Sicht der Sonne zum Ausdruck, die etwa den Tageszeiten entsprach. So verkörperte sich die Morgensonne in dem Gott Chepre («der Entstehende»), der sich als Mistkäfer (Skarabäus) manifestierte. Der Ägypter beobachtete nämlich, wie die Nachkommen des Käfers scheinbar aus der Erde entschlüpften, das heißt gleichsam aus ihr selbst entstanden, und so gab es Analogien zwischen dem Tier und dem morgendlichen Sonnengott. In der Taggestalt der Sonne glaubte man den Gott Harachte («horizontischer Horus») zu erkennen, der als Sonnenfalke über den Himmel zog. Die Abendgestalt der Sonne wurde mit Atum («der Undifferenzierte»), einer wichtigen Urgottheit, die ebenfalls in Heliopolis ihr Hauptkultzentrum hatte, gleichgesetzt. In der Nacht ging der Sonnengott bei seiner Fahrt durch die Unterwelt eine kurze Verbindung mit dem Herrscher des Totenreiches, Osiris, ein, um dann am Morgen verjüngt und neu im Osten emporzusteigen. Osiris ist heute noch der bekannteste Gott des ägyptischen Pantheon.

*Der zwerggestaltige Gott Bes. Relief im Tempelbezirk von Dendera*

*Der Gott Horus in Falkengestalt mit Doppelkrone.
Bronze, um 600 v. Chr. Privatbesitz*

Er verdankt dies der spätantiken Verbreitung seines Kultes über alle Länder des Mittelmeers. Die starke Beachtung, die der Gott dort fand, lag in seinem Schicksal begründet. Der Mythos nämlich erzählt uns, daß Osiris von seinem Bruder Seth ermordet wurde. Der Mörder bestieg dann unrechtmäßig den Herrscherthron, den Osiris vorher innegehabt hatte. Die Schwestergemahlin des Getöteten, Isis, beklagte und betrauerte den Gatten so über alle Maßen, daß sie ihn dadurch soweit zum Leben erwecken konnte, um von ihm einen Sohn, nämlich Horus («der Ferne»), zu empfangen. Dem ermordeten Vater verschaffte der Sohn die völlige Genugtuung gegenüber dem Usurpator Seth, indem er als legitimer Erbe den Königsthron bestieg. Die Auferstehung des Osiris aber vollzog sich nicht im Diesseits, sondern er wurde zum Herrscher des Totenreichs in der Unterwelt. In Anlehnung an diese mythische Handlung erbte jeder König

*Säulenkapitell mit Hathor-Kopf. Die Göttin wird als Frau mit Kuhohren dargestellt. Auf dem Kopf trägt sie ein Sistrum (Kultinstrument). Tempel von Deir el-Bahari*

*Die Göttin Hathor in Kuhgestalt in einem Schrein stehend.
Relief im Tempel von Deir el-Bahari*

*Der Gott Anubis. Unten in Gestalt eines liegenden Schakals, oben als Mann mit Schakalkopf. Relief. Ägyptisches Museum Kairo*

Ägyptens als Inkarnation des Horus den Thron von seinem Vater, der durch sein Sterben in die Rolle des Osiris eintrat.

Wohl die angesehenste, aber auch theologisch vielschichtigste Göttin des ägyptischen Pantheon war Hathor («Haus des Horus»). In ältester Zeit galt sie als Himmelsgöttin und hatte – wie ihr Name zeigt – eine Verbindung zu Horus und damit zur Sonne. Schließlich setzte man sie mit

*Die Kronengöttinnen Uto (links und Nechbet (rechts) umarmen schützend den König. Relief im Horus-Tempel von Edfu*

dem versengenden und feuersprühenden Auge des Sonnengottes Re gleich; sie wurde so zu einer «Herrin des Schreckens»[5], die vernichtende Kraft hatte. Eine andere Seite ihres Wesens war die einer Göttin der Musik, des Tanzes und der Liebe. So kam es nicht von ungefähr, daß die Griechen in ihr Aphrodite erkennen wollten. Hathor hatte daneben auch stark mütterliche Züge. Zudem wurde sie vor allem in Theben als Totengottheit verehrt. Der Verstorbene wünschte sich, in ihrem Gefolge zu sein, um so Schutz und Versorgung im Jenseits zu erreichen. In den Bildwiedergaben erscheint sie häufig ganz in Kuhgestalt oder als Frau mit einem Kopfschmuck, der ein Kuhgehörn mit Sonnenscheibe darstellt. Ihr Hauptkultort war Dendera in Mittelägypten.

Neben den großen Göttern gab es kleine und mittlere Gottheiten, die teilweise sehr volkstümlich waren. Unter diesen numinosen Wesen waren die als Bes bezeichneten Götter von besonderer Bedeutung. Sie repräsentierten sich in der Kunst zwerggestaltig, mit fratzenhaftem Gesicht und einer Löwenmähne. Sie waren hilfreiche Geister, wirkten schützend, vor allem bei Geburt und Wochenbett. Eine ähnliche Funktion hatte die Nilpferdgöttin Thoëris («die Große»), die oft zusammen mit Bes dargestellt erscheint. Es ist besonders bemerkenswert, daß diese kleinen Hausgötter von der Revolution des Königs Amenophis' IV. anscheinend unbehelligt weiter verehrt werden konnten.

Nach ägyptischer Vorstellung konnte ein Gott oder eine Göttin mit einem oder mehreren anderen göttlichen Wesen eine sehr innige Verbindung eingehen, die man in der Wissenschaft als «Einwohnung» oder «Synkretismus» bezeichnet. Die Götternamen wurden bei einer solchen Einwohnung einfach aneinandergereiht: So konnte etwa Amun mit Re eine Verbindung eingehen, so daß man von Amun-Re sprach. Eine solche Verbindung konnte einerseits nur vorübergehender Natur sein, sie konnte andererseits aber auch länger anhalten. Mit dem Fruchtbarkeitsgott Min war die Einwohnung des Amun so eng, daß er in dessen Gestalt erscheinen konnte. Er wurde dann als Mensch mit erigiertem Phallus dargestellt, die rechte Hand erhoben und eine Geißel schwingend. Vielen Göttern wurde ein Tier zugeordnet, das ursprünglich mit dem Wesen des betreffenden Gottes in Verbindung stand. So wurde etwa der Schakal mit dem Gott der Nekropole und der Einbalsamierung, Anubis («das Hündchen»), verknüpft, oder die beiden Kronengöttinnen Nechbet und Uto, welche die beiden Landeshälften Ober- und Unterägypten repräsentierten, mit dem Geier und der Kobra. Es gibt zahlreiche Götter, die entweder ganz in Tiergestalt oder als Mensch mit Tierkopf auftreten. Man muß sich jedoch davor hüten, anzunehmen, die Ägypter hätten sich diese Götter in Wirklichkeit so vorgestellt. Vielmehr war das Tier oder der Tierkopf ein Unterscheidungs- bzw. ein Erkennungsmerkmal dafür, welcher Gott oder welche Göttin gemeint war. Ein Beispiel aus der christlichen Vorstellungswelt soll dies verdeutlichen: Die Evangelisten Markus, Lukas und Johannes wurden schon früh mit Tiersymbolen verbunden, nämlich mit dem Löwen, dem Stier und dem Adler. In den Bilddarstellungen sieht man oft die Symbole ohne ihre Heiligen. Keinem Gläubigen käme dabei je der Gedanke, sich die drei genannten Evangelisten als Tiere zu denken. Leider haben griechische und römische Schriftsteller die ägyptische Götterwelt gründlich mißverstanden und ihrer Abneigung gegen die abstrusen numinosen Wesen Ausdruck verliehen. Die Kirchenväter haben sich später deren Ansichten zu eigen gemacht und das Nilland als das klassische Land des Heidentums verurteilt. Bis in die Neuzeit wirkte diese Ablehnung, man erinnere sich nur an den Ausspruch Goethes:

> Nun soll am Nil ich mir gefallen,
> Hundsköpfige Götter heißen groß:
> O wär ich doch aus meinen Hallen
> Auch Isis und Osiris los![6]

Um die Vielzahl der Götter zu ordnen, haben die Theologen des alten Ägypten mitunter nicht nur Paare und Triaden, sondern auch Göttergruppen etwa zu Neunheiten zusammengefaßt. Die älteste dieser Neunheiten war in Heliopolis beheimatet, mit dem Gott Atum an der Spitze. Eine andere Gruppierung war die Achtheit, die sich aus vier Paaren zusammensetzte: vier Götter und vier Göttinnen. Hermopolis in Mittelägypten bezeichnete man direkt als «Stadt der Acht». In einem großen religiösen Text, dem «Buch von den Pforten des Jenseits», verfaßt etwa in der Jugendzeit von Amenophis IV., treten über tausend göttliche Wesen auf.

> Keiner der Götter vergeh. Wir brauchen sie alle und jeden,
> jedes gelte uns noch, jedes gestaltete Bild ...

schrieb Rainer Maria Rilke, der eine besondere und intensive Beziehung zur altägyptischen Kultur hatte[7], in einem Gedicht, das zum Umkreis der «Sonette an Orpheus» gehört. Rilke trifft die Vorstellung der Ägypter über ihr Pantheon genau. König Amenophis IV. jedoch dachte anders darüber und schickte sich an, nach und nach die Götter von ihren angestammten Plätzen zu verdrängen.

# Die königlichen Eltern

Im Jahre 1390 vor Christus bestieg Amenophis III. im Alter von zwölf Jahren den Pharaonenthron als 9. König der berühmten 18. Dynastie. Das Herrscherhaus, dem er entstammte, und das damals schon etwa 150 Jahre über das Nilland gebot, hatte die glänzende Epoche des Neuen Reiches (1540–1070 v. Chr.) begründet und Ägypten zu einer Weltmacht der damaligen Zeit aufsteigen lassen. Es hatte das selbständige Fürstentum Kusch (Nubien), also jenen Abschnitt des Niltals, welcher Ägypten mit dem Sudan verbindet, annektiert und dort eine straffe Verwaltung unter einem ägyptischen Vizekönig eingerichtet; dieses Amt wurde in der Regel von einem hohen Verwaltungs- oder Militärbeamten ausgefüllt, der manchmal auch mit dem Königshaus verwandt gewesen sein mag. Das nubische Gebiet mit seinen Steinbrüchen und Goldminen war für den wirtschaftlichen Aufschwung dieser Epoche von entscheidender Bedeutung.

Weniger straff gegliedert als in Nubien war die Verwaltung in den ebenfalls von Ägypten kontrollierten Gebieten in Syrien und Palästina, wo eine endgültige Sicherung der Macht nicht zuletzt durch das Mitanni-Reich verhindert wurde, das nördlich in Syrien an den ägyptischen Einflußbereich grenzte. Die militärischen Auseinandersetzungen, die hier stattfanden, wurden erst beendet, als – noch zur Zeit von Thutmosis IV. (1400–1390 v. Chr.), des Vaters von Amenophis III. – die Hethiter von Norden her angriffen und Mitanni so zwischen die Fronten geriet. Der Mitanni-König nahm Friedensverhandlungen mit Ägypten auf, die durch die Heirat Thutmosis' IV. mit einer mitannischen Prinzessin besiegelt wurden. Nach Jahren der Konfrontation konnte nun ein friedliches Nebeneinander entstehen.

Unter Amenophis III. blieben die Grenzen des Reichs meist ruhig, nur aus dem fünften Regierungsjahr des Herrschers sind kriegerische Aktivitäten überliefert: ein nubischer Aufstand wurde niedergeschlagen, wobei die Leitung dieser Aktion wohl nicht in der Hand des Königs selbst, sondern in der des Vizekönigs von Kusch, Merimose, lag.

Amenophis III. scheint mehr repräsentiert als regiert zu haben; unter ihm entfaltete der königliche Hof seine größte Pracht. Als Bauherr übertraf der Herrscher alle seine Vorgänger, wobei ein Hang zum Kolossalen

*Statue Amenophis' III., thronend. Museum für altägyptische Kunst Luxor*

zum Ausdruck kommt. An die Spitze der Bauleitung berief er Amenophis, Sohn des Hapu, der aus Athribis, einer Stadt im Delta, stammte. Dieser gelangte zu höchsten Ehren, und der König gestattete ihm sogar,

*Statue Amenophis', Sohn des Hapu, als Greis.
Ägyptisches Museum Kairo*

sich einen Totentempel auf der thebanischen Westseite zu errichten, ein Privileg, das sonst nur dem Pharao selbst zustand. Auf einer Rundplastik, die heute im Kairener Museum aufbewahrt wird und die Amenophis, Sohn des Hapu, als Greis wiedergibt, kann man lesen:

«Meine Tüchtigkeit, sie wird bezeugt durch das, was ich getan habe, indem es Jedermann vor Augen ist. Wer mich sah, der wollte wie ich sein,

*Köpfchen der Königin Teje.
Ägyptisches Museum Kairo*

*Kopf Amenophis' III.
Museum für
altägyptische
Kunst Luxor*

weil das, was mir geschah, bedeutend war. Zeuge für die Wahrheit ist mein Alter: Ich habe 80 Jahre erreicht, indem die Gunst beim König groß war.»[8]

In der Tat, sein Ruf muß bedeutend gewesen sein, denn in späterer Zeit wurde Amenophis, Sohn des Hapu, als großer Weiser und sogar als Gott verehrt.

Als Bauherr errichtete Amenophis III. unter anderem dem Gott Amun den Tempel von Luxor, der zu den eindrucksvollsten Zeugnissen altägyp-

*Luxor-Tempel. Blick durch die Kolonnade in den zweiten Säulenhof*

*Luxor-Tempel. Zweiter Säulenhof, Ansicht nach Südwesten*

tischer Architektur zählt. Der Totentempel des Königs auf der thebanischen Westseite besaß gewaltige Ausmaße. Heute sind nur noch die beiden einst den Eingang flankierenden, fast 20 Meter hohen Sitzstatuen des Herrschers erhalten. In klassischer Zeit sahen griechische und römische Reisende darin die Abbilder des äthiopischen Sagenkönigs Memnon, der durch die Hand des Achilleus vor Troja fiel. So ist diesen Statuen der Name «Memnonskolosse» bis zum heutigen Tag geblieben.

Politisch scheint der König auf friedlichen Ausgleich mit den Nachbarvölkern bedacht gewesen zu sein. Auch er vollzog eine diplomatische Heirat und nahm noch in frühen Jahren seiner Regierung die Mitanni-Prinzessin Giluchepa, Tochter des Königs Schutarna, in seinen Harim auf. Zu seiner großen Königsgemahlin erhob er jedoch – und dies war ein völlig ungewöhnlicher Vorgang – Teje, die bürgerliche Tochter eines «Rindervorstehers» und «Propheten des Gottes Min» namens Juja aus der mittelägyptischen Stadt Achmim. Als Schwiegervater des Königs erhielt Juja einige Ehrentitel, darunter den eines «Gottesvaters». Teje, welche die Mutter der Prinzen Thutmosis und Amenophis wurde, erwies sich als eine bedeutende und starke Persönlichkeit, die später sogar gelegentlich als eigentliche Regentin des Staates hervortrat; sie erfüllte aber durch ihre bürgerliche Herkunft eigentlich kaum die Voraussetzungen für eine große Königsgemahlin. Unter Amenophis III. kam die Sitte auf, gewisse Ereignisse, die zum Beispiel Jagd- und Harimsangelegenheiten betrafen, auf der Unterseite von Skarabäen (beliebteste Amulettform des alten Ägypten in Käfergestalt) zu verewigen. Diese Gedächtnisskarabäen sind uns in fünf Serien überliefert und wurden anläßlich der Hochzeit mit Teje zum erstenmal angefertigt. Auf diesen Skarabäen heißt es nach der Titulatur des Königs: «Die große Königsgemahlin Teje, sie lebe! Der Name ihres Vaters ist Juja und der Name ihrer Mutter ist Tuja. Sie ist die Gemahlin des starken Königs, dessen südliche Grenze bis Krj [Gebiet im heutigen Sudan], dessen nördliche bis Naharina [Gebiet in Syrien] reicht.»[9] In seinen späteren Jahren heiratete der König auch zwei seiner Töchter, nämlich Satamun und Isis. Dieser Vorgang mag uns befremdlich erscheinen, doch sollten wir ihn nicht nach heutigen Moralvorstellungen werten. Es scheint, daß der König mit diesen Eheschließungen den Bruch mit der religiösen Tradition zu korrigieren versuchte, der durch die Heirat mit Teje entstanden war. Auch eine weitere Mitanni-Prinzessin gelangte

*Katzensarkophag, gestiftet vom Kronprinzen Thutmosis.*
*Ägyptisches Museum Kairo*

*Die sogenannten Memnonskolosse, Theben-West*

in den Harim des Herrschers, nämlich Taduchepa, die Tochter des neuen Mitanni-Königs Tuschratta. Da dieser durch den Hethiter-König Suppiluliuma I. hart bedrängt wurde, hatte er allen Grund, seine Beziehungen zu Ägypten möglichst eng zu gestalten.

Auf religiösem Gebiet setzte Amenophis III. die alten Traditionen ungebrochen fort, wenn auch gewisse Akzente hinzukamen. Im Mittelpunkt der Verehrung stand der solare Allgott in seinen Erscheinungsformen Amun-Re und Re-Harachte, doch eine Sonderform des Sonnengottes, Aton, der im abstrakten Bild der Sonnenscheibe verehrt wurde, erhielt immer mehr Geltung. So überliefert uns eine weitere Serie der Gedächtniskarabäen aus dem elften Regierungsjahr, daß das königliche Staatsschiff den Namen des Aton trug: «Seine Majestät ordnete an, einen See für die große Königsgemahlin Teje anzulegen in der Stadt Djarucha [der See lag in der Gegend von Achmim], dessen Länge 3700 Ellen [1 Elle = 52,5 cm] und dessen Breite 600 Ellen ist. Seine Majestät vollzog das Fest der Seeröffnung am 16. Tag des 3. Monats der Überschwemmungsjahres-

*Eine der zahlreichen Statuen der Göttin Mut-Sachmet, die Amenophis III. aufstellen ließ. Schwarzer Granit. Roemer-Pelizaeus-Museum Hildesheim*

zeit[10] dadurch, daß seine Majestät im Königsschiff ‹Aton glänzt› auf ihm gerudert wurde.»[11] Auch in der Hymnik läßt sich die Verehrung der Sonnenscheibe gut belegen. Zwei Architekten, Suti und Hor, stifteten eine Stele mit einem Hymnus an den Sonnengott; in einer der Strophen heißt es:

> Eilender, der den Umlauf vollbringt,
> Chepre, ausgezeichnet in seiner Geburt,
> der seine Schönheit emporhebt
> am Leib der Himmelsgöttin,
> der die beiden Länder erhellt
> mit seiner Sonnenscheibe![12]

Einen weiteren Akzent setzte der König durch die bemerkenswerte Stiftung von vielen hundert Statuen der Mut-Sachmet, einer Göttin mit menschlichem Körper und Löwenkopf. Diese Großplastiken wurden unter anderem im Bezirk des Mut-Tempels von Karnak aufgestellt, wo noch heute viele an Ort und Stelle zu finden sind. Auch ist eine Hinwendung zum Tierkult zu beobachten: So fiel die Eröffnung des sogenannten Serapeums in Sakkara in die Ära Amenophis' III., wo von nun an die heiligen Apisstiere von Memphis feierlich beigesetzt wurden. Erhalten hat sich auch ein Tiersarkophag, den der Kronprinz Thutmosis einer verstorbenen Katze gestiftet hat. Der frühe Tod dieses Prinzen, der noch während der Regierung seines Vaters erfolgte, ermöglichte es seinem jüngeren Bruder Amenophis, in die Thronfolge einzutreten.

Seine späten Lebensjahre verbrachte Amenophis III. meist in seinem Palast von El-Molgata auf der thebanischen Westseite. In seinem 30., 34. und 37. Regierungsjahr feierte er seine Regierungsjubiläen, die Sed-Feste genannt wurden und die dazu bestimmt waren, die schwindende Kraft eines alternden Königs rituell zu erneuern. Nach längerer Krankheit starb Amenophis III. im Jahre 1352 vor Christus. Der tote Herrscher wurde nicht direkt im Tal der Könige, sondern im sogenannten Westtal beigesetzt.

# Die Thronbesteigung

Wir kennen weder das genaue Geburtsjahr von Amenophis IV. noch wissen wir, ob er – wie andere Kronprinzen des Neuen Reiches – in der Stadt Memphis eine militärische Ausbildung erhielt oder ob er bei den Priestern von Heliopolis, dem Zentrum der Sonnenreligion, erzogen wurde, worauf man auf Grund der späten so engen kultischen Beziehung des Königs zu den religiösen Lehren von Re und Aton schließen wollte.

Aus der Zeit vor seiner Thronbesteigung ist uns von ihm nur ein bescheidenes Fundstück überliefert, nämlich ein Siegelabdruck mit der Aufschrift: «Domäne des wirklichen Königssohns Amenophis»[13]. Obwohl wir so kaum etwas über die Thronfolgerzeit Amenophis' IV. aussagen können, dürfen wir doch vermuten, daß er schon vor seiner Krönung mit Nofretete verheiratet war. In Tempelreliefs nämlich, die in den ersten fünf Regierungsjahren entstanden sind, wird das königliche Paar bereits zusammen mit seinen drei ältesten Töchtern dargestellt. Über die Herkunft der großen Königsgemahlin Nofretete ist nichts bekannt. Man hat oft versucht, sie mit der Mitanni-Prinzessin Taduchepa gleichzusetzen, die noch von Amenophis III. in den Harim aufgenommen worden war. Dies ist jedoch eine Spekulation, die allein auf der Übersetzung ihres Namens (Nofretete = «die Schöne ist gekommen») beruht. Daß Nofretete aber eine Ägypterin gewesen sein muß, läßt sich gut belegen. Eine Schwester der Königin namens Mutbeneret hatte beispielsweise am Hof eine nicht unwesentliche Stellung inne, und auch eine ägyptische Amme der Nofretete ist bekannt, nämlich Tjj, die Gattin des «königlichen Sekretärs» und «Gottesvaters» Eje. Eine ägyptische Amme der Nofretete ist aber nur denkbar, wenn Nofretete selbst Ägypterin war. Obwohl Nofretetes Herkunft im dunkeln liegt, spricht doch einiges dafür, daß der oben genannte Eje, dessen Name in manchen Veröffentlichungen als Aja wiedergegeben wird, vielleicht ihr Vater gewesen sein könnte. Er trägt nämlich eine sehr ähnliche Titelfolge wie der königliche Schwiegervater Juja, der Vater der Königin Teje. Allerdings kann Tjj, die Gemahlin Ejes, nicht die Mutter der Nofretete gewesen sein. Man muß annehmen, daß sie einer früheren Ehe des Eje entstammte und dann von Tjj aufgezogen wurde.

Vermutlich fand die Krönung von Amenophis IV. in Theben statt; dort verbrachte der Herrscher auch die ersten Jahre seiner Regierung. Interessant ist die Namenstitulatur, die der neue Monarch für sich wählte. Seit alter Zeit führen die ägyptischen Könige fünf verschiedene Namen, die – bis auf den Geburtsnamen – jeweils zu Beginn einer Herrschaft angenommen werden und eine Art Regierungsprogramm vermitteln. Die Namen, die Amenophis IV. für sich wählte, sind denen seines Vaters ähnlich und lassen nichts von den kommenden Ereignissen ahnen. Man kann deshalb annehmen, daß sich der Regierungswechsel in konventionellen Bahnen vollzogen hat.

Da der König im Laufe seiner Reformation seine Titulatur änderte (ein höchst sensationeller Vorgang!), sollen hier zunächst seine beim Regierungsantritt gewählten Namen in der klassischen Reihenfolge vorgestellt werden[14]:

An der Spitze der königlichen Titulatur steht der Horus-Name. Er bezeichnet den König als Verkörperung des Horus-Falken. Dieser Name lautet bei Amenophis IV. *Starker Stier, mit der hohen Doppelfeder.* An zweiter Stelle folgt der Nebti-Name. Mit Nebti (= «die beiden Herrinnen») sind die ober- und unterägyptischen Kronengöttinnen Nechbet und Uto gemeint, welche den König und seinen Namen schützen. Dieser Name heißt bei Amenophis IV. *Mit großem Königtum in Karnak.* Er spielt wohl darauf an, daß der Herrscher den Tempel von Karnak als Schwerpunkt seines Bauprogramms betrachtete. Der Goldhorus-Name setzt den König mit der Sonne gleich, die auch in Falkengestalt über den Himmel zieht. *Der die Kronen erhebt in Theben* lautet er in der Titulatur Amenophis' IV. Der Nesut-Biti (= «König von Ober- und Unterägypten»)-Name wird in einen Königsring (Kartusche) eingeschrieben. Amenophis IV. nennt sich hier *Vollkommen sind die Erscheinungsformen des Re, Einzigartiger des Re.* Den Abschluß bildet der Geburtsname, der wie der vorhergehende Name in einen Königsring eingeschlossen wird, und den man als Sohn-des-Re-Namen bezeichnet. Der König wählte neben seinem Geburtsnamen Amenophis noch den Zusatz *Gott-Herrscher von Theben.*

Hier muß nun sogleich ein Problem angesprochen werden, das in der Wissenschaft kontrovers diskutiert wird. Es handelt sich dabei um die Frage: Hat Amenophis IV. erst nach seines Vaters Tod die Regierungsgewalt übernommen oder hat er zusammen mit seinem Vater als Regent gewirkt und die Alleinherrschaft erst später angetreten? Eine solche Mitregentschaft, in der also ein schon älterer König seinen jüngeren Partner – in der Regel seinen Sohn und Erben – an der Regierungsverantwortung teilhaben läßt, ist in Ägypten öfter nachzuweisen, besonders in der Zeit der 12. Dynastie (1938–1759 v. Chr.). In manchen Publikationen wird die Ansicht vertreten, Amenophis IV. habe als Partner mit seinem alternden Vater einige Jahre (maximal zwölf Jahre) gemeinsam die Herrschaft ausgeübt. Geht man von dieser Annahme aus, so hätte Amenophis III. einen wesentlichen Anteil an der religiösen Revolution seines Sohnes. Die

Größe dieses Anteils stünde in Relation zu der jeweils angenommenen Dauer der Mitregentschaft. Aber auch die oftmals geäußerte Ansicht, König Tutanchamun, einer der direkten Nachfolger Amenophis' IV., sei ein Sohn Amenophis' III., ist indirekt mit diesem Problem verknüpft. Tutanchamun nämlich bestieg als Minderjähriger den Thron; er war damals etwa sieben bis zehn Jahre alt.[15] Bei einer siebzehnjährigen Regierungszeit Amenophis' IV. müßte man eine sehr lange Doppelregentschaft ins Auge fassen, wäre Amenophis III. wirklich der leibliche Vater des Tutanchamun gewesen.

Die Annahme einer Mitregentschaft Amenophis' IV. mit seinem Vater wurde besonders dadurch ausgelöst, daß die Ausgräber von Tell el-Amarna (= Achetaton, die spätere Residenz des Königs) auf Gegenstände stießen, die mit dem Namen Amenophis' III. versehen waren. Der englische Archäologe John Pendlebury schloß deshalb auf eine gemeinsame Herrschaft der beiden Könige und errechnete dafür elf Jahre. Nach dem frühen Tod von John Pendlebury hat Herbert W. Fairman alle Indizien zusammengetragen, welche die Theorie einer Mitregentschaft beweisen sollten.[16] Dieses Indizienmaterial haben Wolfgang Helck[17] und Erik Hornung[18] Punkt für Punkt entkräftet und gewichtige Gründe gegen eine Doppelregentschaft vorgebracht. So zeigt etwa das thebanische Grab des Cheriuf, eines hohen Beamten aus der Regierungszeit Amenophis' III., daß die ersten Regierungsjahre Amenophis' IV. auf die letzten seines Vaters folgten und nicht parallel mit ihnen verliefen. Im Cheriuf-Grab wird das 37. Regierungsjahr Amenophis' III. genannt, und der Herrscher in einem Beitext als «geliebt vom [Totengott] Sokar»[19] bezeichnet, also wohl als Verstorbener erklärt, während an anderer Stelle im gleichen Grab Amenophis IV. zusammen mit seiner Mutter Teje vor verschiedenen Gottheiten dargestellt erscheint. Auch die sogenannten Amarna-Briefe (s. «Außenpolitik und Verwaltung»: S. 100f), die uns über die außenpolitischen Aktivitäten der Zeit Amenophis' III. und seines Nachfolgers in Vorderasien unterrichten, erwähnen zu keiner Zeit einen Mitregenten, was man aber erwarten dürfte, wenn ein solches Doppelkönigtum wirklich bestanden hätte.

# Eine Revolution von oben

Die Veränderungen, die unter Amenophis IV. erfolgen sollten, zeigten sich nicht sofort nach seinem Amtsantritt: Zunächst ließ der König im herkömmlichen Stil weiterarbeiten, wofür wir sowohl im Amuntempel in Karnak als auch im Tempel von Soleb in Nubien Zeugnisse besitzen. Auch blieben die Beamten, die er von seinem Vater übernommen hatte, anfänglich in ihren Positionen. Der Umschwung unter Amenophis IV. begann mit dem Bau eines riesigen Atontempels, den er östlich vom großen Amuntempel in Karnak errichtete. Die Stärke der Hinwendung des Königs zu der abstrakten Form des Sonnengottes, dem Aton, wurde durch diesen Tempelbau offenkundig, denn hinsichtlich seiner ummauerten Fläche übertraf er alle bis dahin in Ägypten errichteten Bauten.

Im dritten oder vierten Regierungsjahr trat dann unvermittelt ein neuer, völlig ungewohnter Kunststil hervor (s.«Ein neuer Kunststil»: S. 74f), der sich zuerst in der Ausschmückung des Atontempels manifestierte. Dieser auffällige Bruch mit dem Stil der vorangegangenen Epoche wurde so vollständig und konsequent durchgeführt, daß wohl kaum allein künstlerische Motive dafür verantwortlich gemacht werden können, vielmehr muß hier eine eminente Veränderung im theologischen Bereich erfolgt sein. Diese Veränderung betraf in erster Linie das königliche Porträt, sodann die ganze Bildniswelt: Die bestehende Formenwelt wurde aufgelöst und durch eine andere ersetzt. Statuen und Reliefs des Atontempels präsentieren sich in einer extremen, vor expressionistischen Übersteigerungen und Verzerrungen nicht zurückschreckenden Manier. Bei den Sandsteinkolossen des Königs, die im Pfeilersaal des Tempels ihre Aufstellung fanden, ist die Figur des Herrschers in geradezu abstoßender Weise wiedergegeben: Das überschmale Gesicht ist durch schräg sitzende Augen, eine lange Nase und wulstig aufgeworfene Lippen gekennzeichnet. Der Kopf sitzt auf einem dünnen Hals, der gestreckte Körper ist – um die Bauchpartie ausladend – auf fette Oberschenkel postiert. Dagegen sind die Arme und Unterschenkel lang und dünn gestaltet.

Einige Autoren haben den königlichen Darstellungen, vor allem den Kolossen, eine medizinische Deutung gegeben und sie mit Krankheiten und Anomalien in Zusammenhang gebracht, an denen Amenophis IV. gelitten haben soll (s. «Echnaton – ein Kranker?»: S. 86f). Heute neigt man

*Echnaton. Kalkstein-Relief aus der Frühphase seiner Reformbewegung. Ägyptisches Museum Berlin (West)*

zu der Ansicht, daß die Kolosse einst Mittel einer religiösen Propaganda waren. In den Darstellungen sieht man keine realen Abbilder des Königs, wenn auch in gewissem Umfang individuelle Züge vorhanden sein mögen. Amenophis IV. zeigte darin vielmehr seine Gottesnatur, die ihn von allen Menschen unterschied. Er präsentierte sich als Allschöpfer und, wie bereits in der Literatur vorformuliert, als Vater und Mutter seines Volkes.

Wenn wir uns die reale Erscheinung Amenophis' IV. vor Augen stellen wollen, so können uns dabei die Bildnisse nur bedingt helfen. Die Lücke zu füllen vermag hier vielleicht dichterische Einfühlungskraft. Für seine Romantetralogie «Joseph und seine Brüder» hat Thomas Mann umfangreiche ägyptologische Studien betrieben und ist tief in den «Brunnen der Vergangenheit» hinabgestiegen.[20] So formte er ein suggestives Bild von der äußeren Erscheinung des jungen Königs:

«Bei der Beschreibung seines Gesichts unter der runden blauen Perücke mit Königsschlange, die er heute über der Leinenkappe trug, dürfen die Jahrtausende uns nicht von dem zutreffenden Gleichnis abschrecken, daß es aussah wie das eines jungen, vornehmen Engländers von etwas ausgeblühtem Geschlecht: langgezogen, hochmütig und müde,

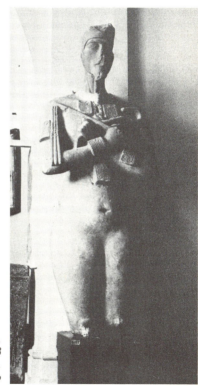

*Echnaton.*
*Geschlechtsloser Koloß*
*aus dem Atontempel in Karnak.*
*Ägyptisches Museum Kairo*

mit nach unten ausgebildetem, also keineswegs mangelndem und dennoch schwachem Kinn, einer Nase, deren schmaler, etwas eingedrückter Sattel die breiten, witternden Nüstern desto auffallender machte, und tief träumerisch verhängten Augen, von denen er die Lider nie ganz aufzuheben vermochte, und deren Mattigkeit in bestürzendem Gegensatz stand zu der nicht etwa aufgeschminkten, sondern von Natur krankhaft blühenden Röte der sehr vollen Lippen. So war eine Mischung schmerzlich verwickelter Geistigkeit und Sinnlichkeit in diesem Gesicht – auf der Stufe des Knabenhaften und vermutlich sogar des zu Übermut und Ausgelassenheit Geneigten. Hübsch und schön war es mitnichten, aber von beunruhigender Anziehungskraft; man wunderte sich nicht, daß Ägyptens Volk ihm Zärtlichkeit erwies und ihm blumige Namen gab. Auch nicht schön, sondern eher seltsam und teilweise etwas aus der Form gegangen war auch Pharaos die Mittelgröße kaum erreichende Körpergestalt, wie sie da, in der leichten, wenn auch auserlesen kostbaren Kleidung sehr deutlich erkennbar, in einer Lässigkeit, die nicht Unmanier, sondern einen oppositionellen Lebensstil bedeutete, in den Kissen hing: der lange Hals, die von einem wundervollen Stein-Blütenkragen halb bedeckte schmale und weiche Brust, die dünnen, von getriebenen Goldreifen eingefaßten Arme, der von jeher etwas vortretende Bauch, freigegeben von dem vorn tief unter dem Nabel ansetzenden, hinten aber hoch den Rücken hinaufreichenden Schurz, dessen prachtvoller Vorderbehang mit Uräen und Bandfransen geschmückt war. Dazu waren die Beine nicht nur zu kurz, sondern auch sonst noch ohne Verhältnis, da die Oberschenkel entschieden zu voll, die unteren aber fast hühnerartig mager erschienen ... Sehr schön und nobel gebildet dagegen waren Hände und Füße, besonders die langfingrigen und elegant-empfindsamen Hände mit Resten von Salböl in den Nagelbetten.»[21]

Hinter dem neuen Kunststil, den Amenophis IV. einführte, wird der religiöse Umbruch sichtbar. Zunächst wurde der Reichsgott Amun durch den Gott Aton abgelöst, wobei dieser Gott in Ikonographie (Beschreibung durch das Bild) und Benennung eine Neuinterpretation erfuhr. An die Stelle des bisher falkenköpfigen Re-Harachte-Aton trat das Bild der Strahlensonne, deren Strahlenenden in menschliche Hände übergehen. Als Allherrscher erhielt Aton eine königliche Titulatur, die – wie die königlichen Namen – in zwei Kartuschen eingeschrieben wurden. Der Name, den Aton nun führte, lautet: *Es lebt Re-Harachte, der im Horizont jubelt, in seinem Namen als Licht, das in der Sonne ist.*[22] Das lehrhafte Programm, das hier zum Ausdruck kommt, zeigt radikal neue theologische Gedanken. Im Vergleich zur traditionellen Gottesvorstellung besagte die Titulatur, daß nicht wie bisher Re und die Sonnengötter Chepre, Harachte und Atum als Erscheinungsformen der Sonne zu gelten hätten, sondern daß sich der Gott ausschließlich in der Sonnenscheibe und ihren Strahlen offenbare. Wie ein König feierte auch der Gott eigene Regie-

*Echnaton. Fragment einer Kolossalstatue aus dem Atontempel in Karnak.
Ägyptisches Museum Kairo*

*Der Vezir Ramose in Amtstracht. Relief aus seinem Grab in Theben-West*

rungsjubiläen. Die bestehende absolutistische Königsideologie wurde so in eine kultisch-religiöse Sphäre übersetzt. Aton war also ein König, der über allen Königen stand. Er benötigte keine Göttin als Partnerin wie andere ägyptische Götter, und es gab keinen Feind, der ihm gefährlich werden konnte. Er war das Licht, welches die Welt durchdrang und überall Leben spendete. Traten die Götter gewöhnlich durch Reden mit dem Pharao in Verbindung, so blieb Aton selbst stumm; er hatte in König Amenophis IV. seinen Künder, seinen Propheten. Gründe, warum der König diese Reformation durchführte, sind schwer auszumachen, denn der Akt entzieht sich einer historisch-kausalen Erklärung. Immerhin gab es gewisse Veränderungen in der überlieferten Religion, die der König bei seinem Amtsantritt vorfand: Eine Elite von Priestern hatte begonnen, im theologischen Denken über den Gottesbegriff sich mehr und mehr von der traditionellen Religion zu entfernen. In dieser Entfernung kann man – vorsichtig formuliert – Ansätze einer Krise im polytheistischen Weltbild Ägyptens erkennen, die Amenophis IV. in seiner «Revolution von oben» begünstigten, andererseits liefern sie aber keine hinreichende Erklärung für den neuen theologischen Ansatz des Herrschers. Man muß sich damit begnügen, festzustellen, daß Amenophis IV. zu den Persönlichkeiten der Weltgeschichte gehört, die durch ihr Wirken den Gang der Ereignisse total verändert haben, ja im wahrsten Sinne des Wortes «Geschichte» gemacht haben.

Die neu geschaffenen Bildformen des Atontempels wurden bald auch bestimmend für die Dekoration der Beamtengräber. Sehr anschaulich wird dies im Grab des Vezirs Ramose in Theben-West: Der erste Abschnitt seines großen Grabes ist ganz im Stil der Epoche Amenophis' III. dekoriert, während im zweiten Teil der plötzliche Wandel stattfindet: In der neuen Darstellungsweise sieht man Amenophis IV. und Nofretete an einem Fenster des Atontempels von Karnak. Über ihren Häuptern sendet Aton in Gestalt der Sonnenscheibe Strahlen mit Händen aus, die dem königlichen Paar das Lebenszeichen an die Nase halten. Unter den dargestellten Höflingen in der Umgebung des Herrschers befindet sich auch Ramose, der sich zum neuen Kult bekennt. In der Beischrift heißt es:

«Verehrung geben dem vollkommenen Gott, Erdküssen vor dem Herrn der Beiden Länder durch den Fürsten und Einzigartigen Gefährten, den Bürgermeister und Vezir Ramose, er sagt:

Du gehst auf, Neferchreprure [«Vollkommen sind die Erscheinungsformen des Re»], Einziger des Re, du erscheinst wie dein Vater, der lebendige Aton, er möge dir eine Ewigkeit als König und eine Unendlichkeit als Herrscher der Freude geben!»[23]

Dieses Bekenntnis scheint Ramose jedoch wenig genützt zu haben, denn schon bald löste Amenophis IV. die führenden Männer des Staates ab und ersetzte sie durch eine Mannschaft, von der er wohl annahm, daß er mit ihr die Umgestaltung der geistigen Landschaft Ägyptens besser weiterführen konnte.

Obwohl in dieser Zeit Aton schon an die Spitze des Pantheon gerückt war, blieben die meisten alten Götter zunächst auf ihrem Platz. Aus dem religiösen Leben verschwanden zuerst nur Totengottheiten wie Osiris und Sokar. Auch trug der König weiter den Namen Amenophis, in dem ja der Name des Gottes Amun enthalten ist. Eine Inschrift im Grab des Truchseß Parennefer in Theben-West aber zeigt die Bevorzugung des Aton vor allen anderen Göttern ganz deutlich: in dem dort aufgeschriebenen Text ordnet der König an:

*Echnaton IV. unter dem Strahlenaton. Reliefblöcke aus dem Atontempel in Karnak. Museum für altägyptische Kunst Luxor*

*Lastenträger, die dem Gott Aton Gaben bringen. Reliefblöcke aus dem Atontempel in Karnak. Museum für altägyptische Kunst Luxor*

*Echnaton, Nofretete und ihre älteste Tochter Meritaton beim Atonopfer. Relieffragment aus Karnak. Kestner-Museum Hannover*

*Achte auf das Gottesopfer des Aton!*
Es spricht der königliche Truchseß, rein an Händen, gelobt und geliebt vom Herrn der Beiden Länder, Parennefer, selig:
«Re kennt den Beauftragten, der auf das Gottesopfer achtet!
Der Beauftragte, der nicht auf das Gottesopfer des Aton achtet, den gibt er in deine Hand.
Denn man wägt die Zuwendungen für jeden Gott nach Maßen ab, dem Aton aber gibt man über Gebühr!»[24]
Besonders bemerkenswert ist ein weiteres Ereignis: In der Zeit des revolutionären Geschehens in Theben hielt sich der Hohepriester des Amun, Mai, fern von der Hauptstadt auf, denn der König hatte ihn zum Leiter einer Expedition in die Ostwüste bestimmt. Der Herrscher wollte wohl mit der Entfernung dieses hohen Würdenträgers aus der Residenzstadt eine Opposition gegen sein Handeln unmöglich machen.
Vom Atontempel in Karnak ist heute nichts mehr zu sehen. Spätere ägyptische Könige haben das Gotteshaus abgetragen und die zerschnittenen Steinblöcke als Baufutter für andere architektonische Anlagen verwendet. Diese so umfunktionierten Blöcke sind alle fast gleich groß und

werden häufig mit dem arabischen Wort «Talatat» («Dreier») bezeichnet. Die Benennung spielt auf die Maße der Steine an: alle besitzen sie ungefähr eine Handspanne Höhe und zwei Handspannen Breite. Die ersten Blöcke kamen bei Ausgrabungen im vorigen Jahrhundert zum Vorschein und gelangten in verschiedene Museen. Die Zahl der bis heute wiederentdeckten «Talatat» schätzt man auf ungefähr 120000 Exemplare. Da sie als Füllmaterial gedient hatten, waren sie in gewisser Weise vor weiterer Zerstörung geschützt: so hat bei den Blöcken, die mit Reliefs verziert sind, sogar teilweise die alte Bemalung überdauert. Im Jahre 1965 hat man damit begonnen, die «Talatat» per Computer zu erfassen und die zusammengehörigen Stücke zu bestimmen. Bis 1968 waren 25000 Reliefblöcke aufgenommen und 60 Szenen rekonstruiert. Inzwischen wird das Unternehmen auf Grund der gemachten Erfahrungen ohne Computer weitergeführt. Das im Dezember 1975 neu eröffnete Luxor-Museum besitzt 283 bemalte Reliefblöcke, die zu einer Wand zusammengestellt sind und einen ausgezeichneten Eindruck von der Bildgestaltung des Atontempels von Karnak vermitteln.

## Die neuen Männer des Staates

Durch die im Regierungsjahre Vier beginnende Revolution des Königs wurde ein Konflikt ausgelöst, der nicht nur die religiösen Bereiche berührte, sondern auch wirtschaftliche Folgen hatte. Der große Amuntempel von Karnak nämlich war hinsichtlich seiner wirtschaftlichen Macht ein bestimmender Faktor im Staat. An dieser wirtschaftlichen Kraft des Tempels hatten die wichtigsten und einflußreichsten Familien des Landes ihren Anteil an Ämtern und Pfründen. So traf die Revolution des Königs auch die ökonomische Seite des Gottes Amun, und der Bruch mit der religiösen Vergangenheit führte notgedrungen zu einem Bruch mit den führenden Beamten des Landes. Für Amenophis IV. war dies sicherlich der entscheidende Grund, die Führungsmannschaft seines Staates auszuwechseln.

Die neuen Beamten, die der König nun einsetzte, stammten in der Regel entweder aus den einfachen Schichten des Volkes oder sie waren ausländischer Herkunft. Vielleicht über eine militärische Laufbahn rückte der aus unbekannter Familie stammende Merire zum «Hohenpriester [ägyptisch: «Größter der Schauenden»] des Aton» auf. Es war dies das höchste Priesteramt, das in der Zeit Amenophis' IV. zu vergeben war. Die Einsetzung erfolgte erst nach der Übersiedlung des Hofes in die neue Hauptstadt Achetaton (Amarna). In seinem Grab hat Merire die feierliche Zeremonie im Dialog festgehalten:

> *Siehe, ich setze dich für mich als «Größten der Schauenden»*
> *in den Tempel des Aton in Achetaton ein.*
> *Ich tue es aus Liebe zu dir mit folgenden Worten:*
> *Mein angesehener Diener, welcher die Lehre wahrhaftig hört!*
> *Mit jedem Auftrag, den du ausführst, ist mein Herz zufrieden.*
> *Ich gebe dir das Amt und sage: Du sollst die Nahrung des Pharao,*
> *deines Herrn, im Tempel des Aton essen!*

Der «Größte der Schauenden» im Tempel des Aton in Achetaton, Merire, selig, er spricht:
«O du Reicher, der die Bedürfnisse kennt und Aton zufriedenstellt!»[25]
Stellvertreter des Merire war ein Mann ausländischer Herkunft namens

*Echnaton und Nofretete verleihen dem Gottesvater Eje und seiner Frau Tjj Ehrengold. Strichzeichnung nach einem Relief aus dem Grab des Eje in Amarna von N. de Garis Davies*

Pentu, der auch den Titel eines «Oberarztes» führte. In das hohe Amt eines «Prophetenvorstehers aller Götter» setzte Amenophis IV. den «Truchseß» Parennefer ein, der für die Gottesopfer der Tempel zu sorgen hatte. Der Syrer Tutu gelangte zu einer besonderen Machtfülle: Er stieg zum «Kammerherrn» auf, war «Oberbaumeister des Königs» und «Oberster Mund des ganzen Landes» (eine Art königlicher Propagandachef). Er bekleidete auch das Amt eines Finanzministers, dem auf königlichen Befehl alle Beamten und führenden Persönlichkeiten die Abgaben und Steuern zu entrichten hatten. Tutu ließ für die vom König erwiesene Gunst in seinem Grab ein Danklied aufschreiben. Im ersten Teil rühmt er die übergroße Weisheit des Herrschers:

> Du bist Re, du bist das Abbild des lebendigen Aton!
> Du wirst seine hohe Lebenszeit verbringen!
> Er geht auf am Himmel, um dich, meinen Herrn, zu bilden,
> einen, der so verständig wie der Vater ist,
> der erkennt, der weise ist und der die Herzen ausforscht![26]

In der neuen Hauptstadt Achetaton hatte der König auch eine eigene Priesterschaft, wobei der «Erste Diener des Gottes Aton» zugleich «Zweiter Prophet des Herrn der Beiden Länder» war. Es war wieder Tutu, der mit dem Amt eines «Ersten Propheten des Herrn der Beiden Länder» betraut wurde. Ihm zur Seite als «Zweiter Prophet» stand ein Mann namens Panehesi, der – wie auch andere hohe Würdenträger – in Inschriften besonders betonte, daß er arm gewesen sei, bis der König ihn begünstigte:

> O Herrscher, der mich unter den Menschen erschuf,
> der mich in seiner Gunst sein ließ,
> der gibt, daß jedes Auge mich kennt,
> ausgezeichnet bin ich durch Ansehen!
> Er ließ mich reich sein, da ich arm war.
> Alle Menschen meiner Zeit küssen den Boden,
> denn ich bin ja in der Gunst meines Schöpfers,
> und meine Stadt verehrt mich tagtäglich.[27]

Panehesi trug weiter den Titel eines «Vorstehers der Rinder des Aton», wirkte also auch als Spitzenbeamter im ökonomischen Bereich des Tempels.

Ebenfalls ein neuer Mann war Maja, der zum «General» und zum «Wedelträger zur Rechten des Königs» aufstieg. Er hatte zudem den Titel eines «Rekrutenschreibers» inne, ein Rang, der zu den höchsten Militärchargen gehörte. Maja begründete seine Karriere in einem längeren Lobpreis auf den König mit den Worten:

> Ich bin ein Diener dessen, der ihn entstehen ließ,
> rechtschaffen für den Herrn der Beiden Länder,
> nützlich für seinen Herrn, der die Wahrheit
> in meinen Leib gesetzt hat
> und der eine Abscheu vor der Lüge hat.[28]

Und an anderer Stelle:

> Mein Herr hat mich nach vorne gestellt,
> denn ich tat nach seinen Weisungen
> und ich hörte seine Worte ohne Unterlaß.[29]

Ein weiterer «General» und «Rekrutenschreiber» war Rames, der ursprünglich wohl Ptahmes hieß, aber im Laufe der Revolution seinen Namen dahingehend änderte, daß er den Gottesnamen Ptah mit dem des Re vertauschte. Mit derartigen Namensänderungen scheinen sich einige Männer dem neuen Regime angepaßt zu haben. So nannte sich der Be-

*Relieffragment aus dem Grab des Eje. Ägyptisches Museum Kairo (s. Strichzeichnung S. 54)*

amte Meritineith («Liebling der Göttin Neith») Meritire («Liebling des Gottes Re»), als er zum Domänenverwalter des memphitischen Atontempels aufsteigen konnte.

An der Spitze der Militärverwaltung in Nubien stand der «Königssohn von Kusch» und «Vorsteher der südlichen Fremdländer», Thutmosis, der dem Vizekönig Amenophis, genannt Hui, im Amt nachfolgte.

Über die ober- und unterägyptischen Vezire, welche ihrerseits die Oberaufsicht über alle Verwaltungsstellen und die höchste richterliche Gewalt im Lande ausübten, ist unter Amenophis IV. wenig bekannt. Einer der beiden Vezire trug den Namen Nachtpaaton. Über sein Leben und seine Herkunft wissen wir nichts, doch vermutet man, daß er vor der Revolution Nachtmin hieß. Vielleicht hatte er das oberägyptische Vezirat inne. Sein Kollege im Amt hieß Aper-El und stammte, wie man auf Grund seines Namens vermuten darf, aus Asien. Da er sein Grab in Sakkara angelegt hat, kann man annehmen, daß er das Amt des unterägyptischen Vezirs bekleidete. Einer der wenigen hohen Beamten aus der Zeit Amenophis' III., welche ihre Karriere fortsetzen konnten, war Ipj, ein Neffe des Vezirs Ramose. Er war «Oberverwalter von Memphis», bevor er die Position des «Palastvorstehers» in der neuen Residenzstadt Achetaton einnahm. Neben diesen führenden Männern standen etwa zwei Dutzend weitere Persönlichkeiten, die vom König mit hohen Aufgaben betraut waren. Hier zu nennen ist noch der «königliche Sekretär» und «Gottesvater» Eje – vermutlich der königliche Schwiegervater –, welcher innerhalb der neuen Administration zu den engsten Vertrauten des Königs gehörte; ihm wurde ein hoher militärischer Ehrenrang mit dem Titel «Befehlshaber der Streitwagentruppe» zuerkannt.

# Die Stadt des Aton

Etwa auf halbem Weg zwischen Kairo und Luxor liegt, von Bergen halbkreisförmig eingerahmt, das einsame Wüstenfeld von Tell el-Amarna. Hier gründete Amenophis IV. zu Beginn seines sechsten Regierungsjahres eine neue Hauptstadt. Vierzehn einzigartige, aus dem Felsen gehauene Stelen, welche den Charakter von Heiligtümern hatten, legten die Grenzen der neuen Residenz mit dem Namen Achetaton («Horizont des Aton») fest. Auf ihnen erklärte der König selbst, warum er ausgerechnet diesen Platz ausgewählt hat:

> *Schaut Achetaton, von dem Aton wollte,*
> *daß es ihm geschaffen werde*
> *als Denkmal für seinen Namen für alle Zeit!*
> *Aton aber, mein Vater, war es, der auf Achetaton wies,*
> *nicht zeigte darauf ein Beamter,*
> *noch irgendeiner im ganzen Land zeigte darauf mit Worten,*
> *... daß er Achetaton an dieser Stelle erbaue,*
> *sondern Aton, mein Vater, zeigte darauf,*
> *daß man es ihm als Achetaton [da] errichte!*
> *Schaut, Pharao spürte es auf! ...*
> *Nicht gehört es einem Gott,*
> *nicht gehört es einer Göttin,*
> *nicht gehört es einem Herrscher,*
> *nicht gehört es einer Herrscherin,*
> *nicht gehört es irgendeinem Beamten oder irgendeinem Menschen,*
> *um Anspruch darauf geltend zu machen!*[30]

Der König wollte auf noch unberührtem Boden, auf den niemand einen Besitzanspruch hatte, seine, dem Aton geweihte Stadt bauen. Ohne Rücksicht auf andere Götter konnte hier Aton verehrt werden, an diesem Ort hatten die Gläubigen – anders als in Karnak – nicht stets den mächtigen und überragenden Tempel des Amun vor Augen. Nur das durch die Stelen markierte Gebiet kam für die neue Stadt in Frage und kein anderes sonst. Der König präzisierte dies nachdrücklich:

*Grenzstele von Amarna mit Doppeldarstellung Echnatons, Nofretetes
und der Prinzessinnen unter dem Strahlenaton*

*Die Ostberge aus der Ebene von Amarna gesehen*

*Ich errichtete Achetaton für Aton,
meinen Vater, an diesem Platz!
Ich will ihm Achetaton nicht im Süden,
im Norden, im Westen oder im Osten davon errichten!
Ich überschreite nicht die südliche Stele von Achetaton nach Süden,
nicht werde ich die nördliche Stele von Achetaton nach Norden überschreiten,
um dort Achetaton zu bauen.
Auch errichte ich es ihm nicht auf der Westseite von Achetaton,
sondern ich baue Achetaton für meinen Vater Aton
auf der Seite des Sonnenaufgangs von Achetaton,
auf einer Stelle, welche er sich selbst bereitet hat
und die für ihn durch ein Gebirge umrahmt ist.
Er ist zufrieden mit ihr, und ich opfere ihm in ihr.
Das ist sie [die richtige Stelle]!
Nicht sage die Königin mir:
«Schau, es existiert ein schönerer Platz an einer anderen Stelle» –
und ich sollte auf sie hören!*

*Nicht sage mir irgendein Beamter von den Beamten,
die in [meiner] Gunst stehen, oder ein Höfling
oder irgendein Mensch im ganzen Land:
«Schau, es existiert ein schönerer Platz für Achetaton
an einer anderen Stelle» –
und ich sollte auf sie hören!
Sei sie nördlich, sei sie südlich,
sei sie westlich
oder sei sie, wo die Sonne aufgeht!
Ich sage nie: Ich gebe Achetaton auf,
indem ich Order gebe
und Achetaton an dieser anderen, schöneren Stelle erbaue!*[31]

Die Stadt, die auf Anordnung von Amenophis IV. in kürzester Frist errichtet wurde, besaß verschiedene Kultbauten für Aton, wobei dem Gott neben einigen großen Tempeln auch zahlreiche kleinere Heiligtümer geweiht wurden. Prominenten Mitgliedern der öniglichen Familie wie der Königin Nofretete und der Königinmutter Teje gehörten eigene

*Nördliche Felsgräber im Ostgebirge von Achetaton*

Tempelkapellen, die man als «Sonnenschatten» bezeichnet hat. Diese waren, wie es Darstellungen und archäologischer Befund zeigen, zweigeteilt. Sie besaßen einen Altarhof mit Königsstatuen und einem Hochaltar, der einem Kiosk ähnlich war. Eine eigene Priesterschaft hatten sie nicht, denn sie waren für die private Kultausübung bestimmt. Auf den Grenzstelen führte der König die wichtigsten Heiligtümer auf:

*Ich baue den großen Tempel für Aton,*
*meinen Vater, in Achetaton an dieser Stelle!*
*Und ich baue den kleinen Tempel für Aton,*
*meinen Vater, in Achetaton an dieser Stelle!*
*Ich baue die Sonnenschatten[kapelle] für die große königliche*
*    Gemahlin ...*
*dem Aton, meinem Vater, in Achetaton an dieser Stelle!*
*Ich baue einen Jubiläumstempel für Aton,*
*meinen Vater, auf der Insel des Aton,*
*[namens] «die die Jubiläumsfeste emporhebt»*
*in Achetaton an dieser Stelle!*
*Ich baue einen zweiten Jubiläumstempel für Aton,*
*meinen Vater, auf der Insel des Aton,*
*[namens] «die die Jubiläumsfeste emporhebt»*
*in Achetaton an dieser Stelle!*
*Ich werde alle Arbeiten verrichten,*
*[die nötig] und die zu machen sind für Aton,*
*meinen Vater, in Achetaton an dieser Stelle ...*[32]

Aber nicht nur Tempel für Aton wurden in der neuen Stadt errichtet, sondern auch Palastanlagen für den König und die Königin. Ganz besonders wichtig ist die Tatsache, daß Amenophis IV. in den Bergen, welche an der Ostseite die Hauptstadt einschlossen, einen neuen Reichsfriedhof anlegen ließ. Mit dieser Maßnahme wurde die alte Metropole Theben weiter degradiert, denn in Theben-West, im Tal der Könige, bestattete man seit Thutmosis I. (1494–82 v. Chr.) alle Pharaonen der 18. Dynastie. Der Herrscher führte dazu aus:

*Ich errichte mir Niederlassungen des Pharao*
*und ich baue einen Harim*
*für die königliche Gemahlin in Achetaton an dieser Stelle!*
*Man baue mir ein Grab in dem Berg von Achetaton,*
*wo die Sonne aufgeht, in welchem [dann] meine Bestattung erfolgen soll*
*nach Millionen von Regierungsjubiläen,*
*die Aton, mein Vater, mir zugewiesen hat.*
*Man bestatte darin [auch] nach Millionen von Jahren*
*die große königliche Gemahlin Nofretete ...*

*und man bestatte darin nach Millionen von Jahren*
*die königliche Tochter Meritaton.*
*Wenn ich [aber] nach Millionen von Jahren sterben werde*
*an irgendeinem Ort,*
*sei er nördlich, sei er südlich, sei er westlich*
*oder wo die Sonne aufgeht,*
*dann soll man mich holen,*
*damit mein Begräbnis in Achetaton gemacht werden kann.*
*[Auch] wenn die große königliche Gemahlin Nofretete, sie lebe,*
*in Millionen von Jahren stirbt an irgendeinem Ort,*
*sei er nördlich, sei er südlich, sei er westlich*
*oder wo die Sonne aufgeht,*
*dann soll man sie holen,*
*damit ihr Begräbnis in Achetaton gemacht werden kann.*
*[Auch] wenn die königliche Tochter Meritaton*
*in Millionen von Jahren stirbt an irgendeinem Ort,*
*sei er nördlich, sei er südlich, sei er westlich*
*oder wo die Sonne aufgeht,*
*dann soll man sie holen,*
*damit ihr Begräbnis in Achetaton gemacht werden kann.*[33]

Neben dem königlichen Familiengrab wurden in den Bergen von Achetaton auch andere Begräbnisstätten angelegt, denn es war der Wille des Königs, daß jedermann dort seine letzte Ruhestätte erhalten sollte:

*Man errichte Grabanlagen für den Hohenpriester*
*und für die Gottesväter des Aton*
*sowie für die Diener des Aton*
*in dem Berg von Achetaton, wo die Sonne aufgeht,*
*in welchem ihre Bestattung erfolgen soll.*
*Man errichte Grabanlagen für alle Beamten*
*und alle Einwohner in dem Berg von Achetaton,*
*wo die Sonne aufgeht,*
*in welchem ihre Bestattung erfolgen soll!*[34]

Der Text auf den vierzehn Grenzstelen ist nicht einheitlich. Man unterscheidet zwei Versionen, wobei der Text, aus dem die vorangegangenen Passagen zitiert sind, der ersten Version entstammt. Der andere Stelentext überliefert uns einen Königseid, den Amenophis IV. leistete: Das durch die Grenzstelen markierte Gebiet war für alle Zeiten als endgültig zu betrachten, die gesetzten Grenzen sollten niemals überschritten werden. Das Gebiet innerhalb der Stelen, das 144 Quadratkilometer umschloß, gehörte ausschließlich und für immer dem Aton *mit Bergen, Wüsten, Feldern, mit neuem Land, Hochland und frischem Land, mit Äckern, mit Wassern und mit Ortschaften, mit Uferland, mit Menschen und Vieh, mit Bäumen und mit allen andern Dingen*[35], die der Gott erschaffen hatte. Am Schluß heißt es:

*Ich werde diesen Eid nicht brechen,
den ich Aton, meinem Vater, geschworen habe
für immer und ewig,
sondern er dauert fort auf der steinernen Stele der südöstlichen Grenze
ebenso wie auf der nordöstlichen Grenze von Achetaton.
Ebenso dauert er fort auf der steinernen Stele an der südwestlichen Grenze
und ebenso auf der nordwestlichen Grenze von Achetaton.
Nicht soll er gelöscht werden!
Nicht soll er abgewaschen, ausgehackt [oder] mit Gips überschmiert
  werden,
und nicht soll bewirkt werden, daß er vergeht.
Wenn er [aber] vergeht,
wenn er unleserlich wird,
wenn die Stele, auf der er steht, stürzt,
dann werde ich ihn wieder erneuern
an gleicher Stelle, wo er ist.*[36]

Zwei Jahre später wurde folgender Zusatz aufgenommen:

Wiederholung dieses Eides
im achten Regierungsjahr, erster Monat der Erntejahreszeit,
Tag acht,
da man in Achetaton weilte.
Der Pharao stand da, erschienen auf dem großen Wagen von Elektron
  [Weißgold],
und betrachtete die Stelen des Aton,
die auf dem Berg, an der südöstlichen Grenze von Achetaton, sind.[37]

Etwa gleichzeitig mit der Gründung der neuen Hauptstadt änderte Amenophis IV. seine Titulatur und seinen Geburtsnamen[38]: Auch hierin dokumentierte er die Herrschaft Atons. Der Horus-Name lautete von jetzt ab *Starker Stier, von Aton geliebt,* und der bisherige Nebti-Name *Mit großem Königtum in Karnak* erhielt die Form *Mit großem Königtum in Achetaton.* Für seinen Goldhorus-Namen wählte der König die Bezeichnung *Der den Namen des Aton erhebt.* Das Ägyptische Museum in Berlin-West besitzt ein Weihetäfelchen aus Alabaster[39], welches in Ritzzeichnung den knienden König darstellt, wie er mit ausgebreiteten Armen die beiden Namenskartuschen des Gottes Aton emporhebt; der neue Goldhorus-Name wurde hier in ein einprägsames Bild umgesetzt. Den vierten Namen, den Thron- oder Nesut-Biti-Namen, änderte der Herrscher nicht,

*Weihetäfelchen aus Alabaster. Ägyptisches Museum Berlin (West)*

er lautete weiterhin *Nefercheprure [«Vollkommen sind die Erscheinungsformen des Re»], Einzigartiger des Re*. Ein ganz ungewöhnlicher und einmaliger Vorgang war die Änderung des Geburtsnamens: Amenophis IV. nannte sich von nun an *Echnaton («dem Aton wohlgefällig»* oder *«Strahl des Aton»)*.[40]

Die Stadt Achetaton sollte eine Ewigkeit bestehen, sie sollte dauern, «bis der Schwan schwarz und der Rabe weiß wird, bis die Berge aufstehen zu wandern und das Wasser bergan fließt»[41]. Doch kaum zwei Jahrzehnte nach der Gründung, wenige Jahre nach Echnatons Tod, wurde sie für immer aufgegeben. Der Aufbruch kam plötzlich und unerwartet, denn nachweislich wurde bis zum letzten Tag an Achetaton gebaut. Spätere Könige wie Sethos I. (1290–79 v. Chr.) und Ramses II. (1279–13 v. Chr.) haben die Residenz des in ihren Augen ketzerischen Königs geschleift und die brauchbaren Kalksteinblöcke auf die Westseite des Nils geschafft, um sie dort in der nahegelegenen Stadt Hermopolis als Baufutter für einen Tempel zu verwenden. Dann deckte der Wüstensand die Ruinen von Achetaton für viele Jahrhunderte zu und Echnatons Residenz fiel dem Vergessen anheim. Erst in moderner Zeit kamen einige am alten Ägypten interessierte europäische Reisende in diese Gegend. Im Jahre 1714 beschrieb und zeichnete der französische Jesuitenpater Claude Sicard die Grenzstele bei Tuna el-Gebel. Im Jahre 1798 unternahm Napoléon Bonaparte seine berühmte ägyptische Expedition, die militärisch und politisch ein totaler Fehlschlag war, die aber in wissenschaftlicher Hinsicht große Erfolge brachte. In Begleitung der französischen Armee befanden sich nämlich prominente Wissenschaftler, die das Land gründlich erforschten. So wurde etwa bei Schanzarbeiten der berühmte Stein von Rosette entdeckt, der schließlich den Schlüssel zur Entzifferung der Hieroglyphen durch François Champollion (1822) lieferte.[42] Die napoleonischen Gelehrten besuchten auch das Gebiet von Tell el-Amarna und stellten fest, daß sich an diesem Platz eine antike Stadt befunden haben mußte. Schon bald nach dieser Expedition kamen englische, französische, italienische und deutsche Wissenschaftler dorthin und begannen die Gegend genau zu erforschen. Zuerst durchsuchten sie die Felsengräber der Beamten und Würdenträger, deren Eingänge in den Bergen sichtbar waren und die durch ihre ungewöhnliche Architektur und Dekoration Aufsehen erregten. In einem abgelegenen Wadi, etwa elf Kilometer von Amarna entfernt, fanden Einheimische Anfang der achtziger Jahre des vorigen Jahrhunderts das königliche Familiengrab. In ihm wurde eine umfangreiche Ausstattung[43] entdeckt, die vermuten läßt, daß das Grab benutzt worden ist, wenn sich auch keine Mumie und damit kein Anhaltspunkt für eine Grablegung finden ließ.

Die archäologische Untersuchung der eigentlichen Stadt begann mit der Grabung des englischen Ägyptologen Flinders Petrie im Winter 1891/1892. In unserem Jahrhundert ist die Erforschung von Amarna vor allem mit den Namen der Engländer Norman de Garis Davies und John Pendlebury sowie mit dem des Deutschen Ludwig Borchardt verbunden. Diesen Männern ist es im wesentlichen zu verdanken, daß wir heute einen recht guten Überblick über die Anlage der Stadt Achetaton besitzen, die auf dem östlichen Nilufer lag und ungefähr dem Lauf des Flusses folgte. In Nord-Süd-Richtung verlief die Hauptstraße, die man auch «Königsstraße» oder «Königsallee» nennt, weil an ihr alle wichtigen Gebäude

*Diener in einem Vorratsmagazin. Relieffragment aus Hermopolis.
Kestner-Museum Hannover*

lagen. Wenn man von Süden kommend sich der Stadt näherte, die einst fünfzig- bis hunderttausend Einwohner zählte[44], so traf man zuerst auf zwei kleinere Palastanlagen, el-Hauata und Maru-Aton. Diese hatten den Charakter von Lustschlössern und waren beide prächtig ausgestattet. So waren selbst die Fußböden mit herrlichen Malereien versehen, deren Motive fast ausschließlich aus der Pflanzen- und Tierwelt stammten. Ging man weiter nach Norden, durchquerte man die Südstadt von Achetaton, in der sehr viele Vornehme wohnten. Die Mauern sämtlicher Häuser waren aus luftgetrockneten Ziegeln errichtet, manche waren mit einem Putz versehen und bemalt. Am Ufer erhob sich ein Flußtempel des Aton. Östlich der Südstadt, den Bergen zu, einige Kilometer außerhalb von Achetaton, lag das Dorf der Nekropolenarbeiter. Die hier auf engem Raum zusammenwohnenden Steinmetzen, Schreiber, Maler, Reliefkünstler, Lastenträger und dergleichen mehr hatten die Aufgabe, die Felsgräber in den nahen Ostbergen auszuhauen, mit Reliefs zu dekorieren und die dazugehörigen Inschriften anzubringen.

Von der Südstadt war es nicht mehr weit bis zum Zentrum der Stadt, das ein Areal von ungefähr einem Quadratkilometer umfaßte. Hier wurde die Königsallee zu einer wahren Prachtstraße: Die repräsentativen Gebäude vor allem waren aus weißem Kalkstein erbaut, der in der Nähe von Amarna gebrochen wurde. Schmückende Architekturelemente bestanden aus Alabaster, Quarzit und Granit. An der dem Fluß zugewand-

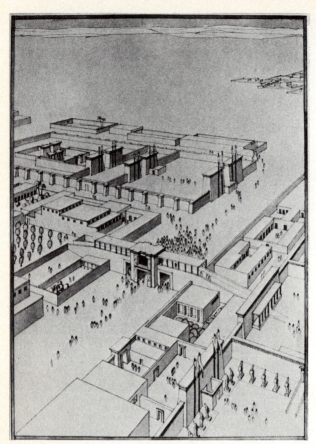

*Das Zentrum von Achetaton. Rekonstruktionszeichnung
von Ralph Lavers*

ten Straßenseite zog sich der königliche Palast mit einer Länge von 700 Metern hin. Er war in seinem Innern kostbar ausgestattet, zahlreiche Räume waren mit vorzüglichen Malereien und herrlichen Einlegearbeiten geschmückt. Den Thronsaal erreichte man erst nach dem Durchschreiten einer eindrucksvollen, riesigen Säulenhalle, die Innenhöfe waren mit überlebensgroßen Statuen des Königs und der Königin und mit Stelen ausgestattet. Zum Palastkomplex gehörten neben Magazinräumen auch zwei Harimsgebäude, ein nördliches und ein südliches, die an einen baumbestandenen, mit Blumen und blühenden Büschen versehenen Garten angrenzten. In der Mitte war ein Teich angelegt, in dem sich allerlei

Fische und Wasservögel tummelten. Vom Palast aus führte ein Weg hinab zum Nil, wo sich die Anlegestelle für die königlichen Barken befand.

Dem Palast gegenüber auf der anderen Seite der Königsallee lag, eingebettet zwischen einem kleineren Atontempel und einer gewaltigen Magazinanlage, die zum großen Atontempel gehörte, das Wohnhaus des Königs. Es war in der Art eines königlichen Landsitzes erbaut und besaß neben dem Wohntrakt einen großen Garten und Wirtschaftsräume. Palast und Wohnhaus des Königs waren durch eine Brücke verbunden, welche mit drei Durchlässen die Straße überwölbte. Oberhalb des mittleren Durchlasses befand sich das Erscheinungsfenster, von dem aus sich der Pharao bei bestimmten feierlichen Anlässen dem Volk zeigen konnte.

Ging man die Königsallee nur ein wenig weiter nach Norden, so kam man zum großen Atontempel, der rechter Hand lag und von einer Umfassungsmauer (Temenos) umgeben war. Diese Mauer umschloß ein Rechteck von 800 mal 275 Metern. Die Atonheiligtümer wichen grundsätzlich vom Schema anderer ägyptischer Tempel ab. Bei den letzteren gelangte man aus einem offenen Hof durch Vorhallen, wo das Licht des Tages immer düsterer wurde, zum Allerheiligsten, wo dann tiefste Dunkelheit herrschte. Dort wurde das Kultbild des betreffenden Gottes oder der Göttin in einem Schrein aufbewahrt. Die Tempel des Aton aber waren ganz anders gebaut: Hier gab es keine dämmerigen oder dunklen Räume, denn Aton sollte ja als Sonne des Tages überall in seinen Gotteshäusern Zutritt haben und gegenwärtig sein. So erübrigte sich auch ein eigenes Kultbild.

*Das Allerheiligste des großen Atontempels von Achetaton
Rekonstruktionszeichnung nach «The City of Akhenaten», Band III, Tafel IX*

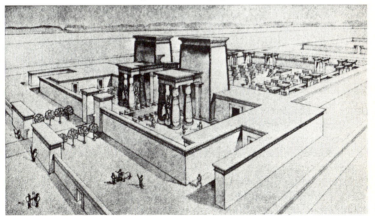

*Die Grundmauern
des Nordpalastes von Achetaton*

Der große Tempel des Aton von Achetaton wurde in mehreren Bauphasen errichtet und bestand aus verschiedenen Gebäuden, die alle innerhalb der Umfassungsmauer lagen. Der größte Bau war ein Heiligtum, das Gematon («Aton ist gefunden») hieß und das aus einer Abfolge von Höfen bestand, welche durch mit Fahnen geschmückte und mit Reliefs reich dekorierte Einzugstore (Pylone) unterteilt waren. In den Höfen befanden sich lange Reihen von Altären, die einem privilegierten Personen-

kreis als Opfertische dienten. Weitere Altäre waren außen um das Gebäude herum aus Ziegeln aufgemauert worden, wo diejenigen, die keinen Zutritt zum Heiligtum selbst hatten, Aton ihr Opfer darbringen durften. Das Allerheiligste, der Ort des königlichen Opfervollzugs, war vom Gematon getrennt und lag einige hundert Meter östlich davon. Es war nochmals durch eine Doppelmauer abgeschirmt. Durchschritt man ihre beiden Pylone, so sah man einen Säulenportikus mit riesigen Königssta-

*Blick in die Ebene von Amarna, Richtung Nordpalast. Im Hintergrund der an den Nil grenzende Fruchtlandstreifen*

tuen vor sich. Gleich dahinter öffnete sich ein weiteres hohes Einzugstor, das auf einen Hof führte. In seinem Zentrum stand der Hochaltar, zu dem Stufen hinaufführten. Zahlreiche kleinere Altäre umgaben ihn. Sicher war es ein eindrucksvolles Bild, wenn der König, umgeben von seiner Familie und den Würdenträgern seines Staates, in einer Prozession zum Allerheiligsten schritt, um auf dem Hochaltar sein Opfer darzubringen. Die Opfertiere, die für die heilige Handlung dienten, wurden in einem Schlachthof getötet, der zwischen dem Gematon und dem Allerheiligsten lag. Neben diesem Bau standen eine gewaltige Stele mit einer Darstellung der königlichen Familie und eine Kolossalstatue des Königs. In der nördlichen Umfassungsmauer war ein Pavillon eingebaut, der dem König für feierliche Anlässe diente. Hier empfing er zum Beispiel ausländische Delegationen.

Nicht weit vom großen Atontempel und dem Wohnhaus des Königs entfernt stand das Staatsarchiv, von dem noch zu reden sein wird (s. «Außenpolitik und Verwaltung»: S. 100f). Hier wurden auch junge Schreiber ausgebildet und für den Staatsdienst vorbereitet. In seiner Nachbarschaft befanden sich die Kasernen, in welchen Polizei- und Militäreinheiten untergebracht waren. Waffenkammern und Pferdeställe gab es dort; auch ein Exerzier- und Paradeplatz fehlte nicht.

Östlich der Königsallee zogen zwei weitere Straßen in Nord-Süd-Richtung durch Achetaton. An der ersten, näher gelegenen, befanden sich die luxuriösen Häuser der führenden Beamten. Hier schirmten Ziegelmauern die Grundstücke von außen ab. Im Innern lagen neben dem Wohnhaus ein Garten mit einem kleinen Teich und einer Laube sowie Wohnungen für die Diener, Stallungen für die Haustiere, Magazine, Speicher und Backöfen. Der größte Raum des Wohnhauses war die Empfangshalle, von der aus man in den fast quadratisch angelegten Speisesaal kam. Dessen von Säulen getragene Decke ragte über die angrenzenden Räumlichkeiten hinaus, Licht und Luft empfing er von hochgesetzten Gitterfenstern. Auch Badezimmer gab es, deren Wände durch steinerne Kacheln geschützt waren, und wo man badete, indem man sich mit Wasser übergoß. Ein Abfluß im Fußboden ließ das Wasser abziehen.

An der zweiten, östlich gelegenen Straße wurde von Ludwig Borchardt 1912 ein Gehöft ausgegraben, das einst eine bedeutende Bildhauerwerkstatt beherbergte (s. «Ein neuer Kunststil»: S. 74f) und das man vielfach – allerdings ohne Beweise – als Haus des Oberbildhauers Thutmosis bezeichnet.

Verließ man das Zentrum der Stadt, so gelangte man nach etwa 800 Metern in die nördliche Vorstadt. Hier war von einer Stadtplanung wie im Herzen von Achetaton nichts mehr zu spüren. Man sah die niedrigen, sehr einfach gebauten, engen Häuser des Mittelstandes und auch das Viertel der Armen, deren Hütten ganz regellos aufgestellt waren. Eine Kanalisation gab es in Achetaton nicht; man warf Abfälle und Unrat einfach in Gruben, die vor den Häusern ausgehoben waren, oder auf Misthaufen.

Ganz im Norden lag ein weiterer Königspalast, der große Ausmaße besaß. Durch ein Tor auf der Westseite betrat man zwei aufeinanderfolgende Höfe, die auf den Thronsaal des Königs zuführten. Dieser Thronsaal war eingerahmt von zahlreichen reich dekorierten Räumen, die für den königlichen Aufenthalt bestimmt waren. Zu ihnen gehörte auch ein Garten, der an drei Seiten von Säulengängen umschlossen war. Das Einzigartige an diesem Palast aber ist, daß hier zahlreiche Tiere gehalten wurden, so daß man sogar vom königlichen Zoo spricht. Aus Reliefs, die die erhaltenen Futterkrippen schmücken, wissen wir, daß hier Steinböcke, Antilopen und Rinder lebten; in Volieren wurden verschiedene Vögel und Geflügel gehalten. Von einem seiner Wohnräume aus konnte der König durch ein besonderes Fenster diese Tiere beobachten. Auch die Malereien dieses Palastes zeigen eine reiche Tier- und Pflanzenwelt, so daß die Naturbezogenheit Echnatons nirgends so stark zum Ausdruck kommt wie hier im Nordpalast.

Der Besucher, der heute nach Amarna kommt, wird von der Stadt nichts mehr sehen, denn die Wüste hat die ausgegrabenen Ruinen wieder zugedeckt. Lediglich die Gräber in den Ostbergen und die wieder freigelegten Ziegelgrundmauern des Nordpalastes sind die übriggebliebenen Zeugen von Echnatons Stadt Achetaton.

# Ein neuer Kunststil

Der religiöse Umbruch Amenophis' IV. Echnaton bewirkte die Entstehung eines Darstellungsstils, der heute allgemein unter dem Namen «Amarnakunst» bekannt ist. Allerdings muß man vorab feststellen, daß für die Ägypter selbst eine Kunstvorstellung in unserem heutigen Sinne nicht existiert hat. Die Herstellung all der Werke, die wir losgelöst von ihrem Inhalt als hohe Kunst bestaunen, war damals allein Ausdruck von religiösen Glaubensvorstellungen. Unsere Idee des «l'art pour l'art» war für Ägypten zu keiner Zeit anwendbar, und so ist auch ein Zugang zur Amarnakunst nur mit dem Schlüssel der Religion möglich.

Der neue Kunststil setzte im vierten Regierungsjahr mit der Ausgestaltung des Atontempels in Karnak ein, und zwar ganz abrupt, ohne das geringste Anzeichen eines Übergangs. Dieser gewaltsame Einschnitt betraf zuerst das Herrscherbild, das von den gewohnten traditionellen Formen abwich: Zeigte sich der Pharao in seinen Abbildungen bisher mit zeitlosen, idealisierten Zügen und mit einem kraftvollen, athletischen Körperbau, so ließ sich Amenophis IV. jetzt in Relief und Plastik in übersteigerter und extremer Charakterisierung darstellen (s. «Eine Revolution von oben»: S. 43f). Dieses neugeschaffene Bild des Königs wurde auch für die Darstellung anderer Personen bestimmend, so daß von einer realistischen oder individuellen Wiedergabe etwa der Königin, der Prinzessinnen oder der Beamten nicht gesprochen werden kann.

Bedingt durch die spätere Verfolgung des Reformators besitzen wir bedauerlicherweise in der Mehrzahl nur Fragmente von Kunstwerken. Dies betrifft vor allem die Reliefs, die zerschnitten und bei ihrer Wiederverwendung für spätere Bauten ihres Bildzusammenhangs beraubt wurden; allein in den Felsgräbern von Amarna befinden sie sich noch in der alten Anordnung. Im Vergleich zu früheren Zeiten fällt auf, daß alle Flachbilder in versenkter Technik gearbeitet sind; dabei schnitt der Künstler die Darstellung in den Stein ein, das heißt, er vertiefte bzw. versenkte sie, während der Hintergrund des ganzen Bildes stehenblieb. Bei der erhabenen Technik dagegen wurde die Grundfläche abgearbeitet, so daß die Einzelheiten der Darstellung erhöht daraus hervortraten. Vor der Zeit Amenophis' IV. war es in der Regel üblich, in Innenräumen die erhabene, an Außenwänden aber die versenkte Relieftechnik zu verwenden, denn

*Echnaton. Kopf einer Kolossalstatue aus dem Atontempel in Karnak.
Museum für altägyptische Kunst Luxor*

dort konnte die Tagessonne die vertieften Linien mit Schatten füllen und
das Bild in eindrucksvoller Plastizität hervortreten lassen. Amenophis IV.
hat nur ganz zu Beginn seiner Regierungszeit auch erhabene Reliefs herstellen lassen, während er später ausschließlich in versenkter Technik ar-

beiten ließ. Der Grund kann nicht nur der gewesen sein, daß sich hier die Möglichkeit bot, die Szenen lebendiger und ausdrucksstärker zu gestalten. Vielmehr wird darin vor allem ein religiöses Motiv erkennbar: Alle Darstellungen, seien sie nun an den Wänden der Tempel oder im Innern des Grabes, spielten sich nach der neuen Lehre immer unter den Strahlen des Gottes Aton ab; ohne ihn verharrte die Welt im Todesschlaf. So war es nur folgerichtig, überall die Technik anzuwenden, die schon von jeher dafür gedacht gewesen war, durch die Strahlen der Sonne belebt zu werden. Um darüber hinaus dem Lichtgott Aton die Gräber nun auch real zugänglich zu machen, wurden die Felsgräber der Amarnazeit in einer geraden Achse angelegt und so ausgerichtet, daß die Sonne ins Innere hineinscheinen konnte. So empfingen der Verstorbene und die ihn umgebende Bilderwelt die belebende Kraft des Gottes.

Die Themen der Grabreliefs sind ungewöhnlich: Dominierten dort bisher Bilder eines überhöhten Diesseits mit dem groß dargestellten Grabherrn im Zentrum und verschiedene Szenen mit Osiris, dem Herrscher

*Zwei Töchter Echnatons. Malereifragment aus dem Stadtpalast von Achetaton. Nach A. Champdor: «Die altägyptische Malerei». Leipzig 1957*

*Aufflatternde Enten. Fußbodenmalerei aus dem Palast von el-Hauata. Ägyptisches Museum Kairo*

des Totenreiches, so stehen jetzt Echnaton und seine Familie ganz im Mittelpunkt der Darstellungen, während der Grabherr selbst nur mehr eine bescheidene Rolle spielt. Hier dokumentieren sich wieder die neuen religiösen Vorstellungen, nach denen für den Gläubigen in Amarna der König auch noch nach dem Tode die wichtigste Figur blieb, ohne den es keine Jenseitshoffnung gab.

Zahlreich sind in den Grab- und Tempelreliefs die Darstellungen des königlichen Hofstaats und seiner Etikette. In demutsvoller Haltung nähern sich Beamte und Priester dem königlichen Paar, andere küssen den Boden vor dem Herrscher. Oftmals sieht man Soldaten, die in eiligem Schritt dahinziehen, oder Männer und Frauen, die ihrem König in respektvoller Entfernung zujubeln. Wie nie zuvor auf ägyptischen Reliefs werden Überschneidungen der Linien und lebhafte Bewegungen wiedergegeben, welche den heutigen Betrachter ganz besonders ansprechen. Alle Wandkompositionen waren bemalt; durch glückliche Umstände haben sich bei manchen Reliefs die ursprünglichen Farben erhalten.

Die Malerei selbst blieb in Achetaton ausschließlich den Palästen und Wohnungen vorbehalten und entwickelte sich dadurch, daß sie nicht dem

Tempel- oder Totenkult verpflichtet war, mit einer bisher ungekannten Eigenständigkeit. Die Malerei vor der Amarnazeit war nämlich ganz vom Flachbild geprägt gewesen, ja sie ahmte eigentlich die Reliefs nur nach. Hier wie dort wurden die Darstellungen vor einem neutralen Hintergrund aufgebaut, der lediglich als Basis diente. In Achetaton dagegen ging die Malerei eigene Wege; nicht nur eine reichere Farbpalette, sondern vor allem gebrochene Töne verliehen den Bildern neue und ungewohnte malerische Akzente.

Die wenigen Reste dieser Kunstgattung, die uns erhalten geblieben sind, zeigen vorwiegend Tier- und Pflanzendarstellungen: Wir sehen Fische in einem Teich und Wasserpflanzen, aufflatternde Vögel im Sumpfdickicht, umherspringende Rinder und verschiedene Bäume. Das bedeutendste Stück der Amarnamalerei ist ein Fragment, das heute im Ashmolean Museum in Oxford[45] aufbewahrt wird. Dargestellt sind zwei Prinzessinnen, die, auf Kissen hockend, sich gegenseitig liebkosen. Die Kinder sind nackt, tragen aber Halsketten, Armbänder und ein reiches Ohrgehänge. Kopf und Hals der beiden Mädchen sind ganz vom königlichen Porträt beeinflußt; auch der weit ausladende Hinterkopf scheint von den Bildern der königlichen Eltern entlehnt, die Körper dagegen zeigen deutlich kindliche Formen. Bei der Wiedergabe der Prinzessinnen wird durch Farbschattierungen eine Körperhaftigkeit erreicht, die es bisher in der ägyptischen Malerei nicht gab. Als man das Fragment im Stadtpalast in Achetaton fand, waren noch so viele Spuren des Gesamtbildes

*Bildhauerstudie mit zwei Königsköpfen aus Amarna. Ägyptisches Museum Kairo*

vorhanden, daß man es wenigstens beschreiben kann[46]: Dargestellt war das Königspaar mit seinen sechs Töchtern. Echnaton und seine Gemahlin Nofretete saßen sich gegenüber, während die drei ältesten Töchter, Meritaton, Maketaton und Anchesenpaaton, zwischen ihnen standen. Auf dem Schoß der Mutter saß die jüngste Tochter, Setepenre, deren Händchen von Meritaton berührt wurde. Das Oxforder Fragment gehört zum unteren Teil des Bildes. Die beiden Mädchen saßen einst zu Füßen der Königin, deren eine Sandale auf dem Bruchstück rechts oben noch gut sichtbar ist. Die Kinder sind demnach die vierte und fünfte Tochter des Paares, Neferneferuaton tascherit («die Jüngere») und Neferneferure. (Nofretete hatte als zweiten Namen Neferneferuaton [«Vollkommen ist die Vollkommenheit des Aton»] angenommen, und so ist der Zusatz «die Jüngere» bei der gleichnamigen Tochter verständlich.) Die hohe künstlerische Qualität des Malereifragments läßt erahnen, welche Wirkung die Gesamtkomposition gehabt haben muß.

Die Grabungen in Amarna brachten zudem zahlreiche rundplastische Werke zum Vorschein, von denen einige zu den eindrücklichsten Zeugnissen der ägyptischen Kunst gehören, und die in der Regel den König, Nofretete und die Prinzessinnen darstellen. Unter ihnen ist auch die berühmte, 48 Zentimeter große, bemalte Kalksteinbüste der Nofretete (heute im Ägyptischen Museum in Berlin-West[47]), die als eine der prominentesten Plastiken im Kunstschaffen der Menschheit überhaupt angesehen werden muß. Diese weltberühmte Büste wurde am 6. Dezember 1912 von einer Expedition der Deutschen Orientgesellschaft unter der Leitung von Ludwig Borchardt in einer ehemaligen Bildhauerwerkstatt zusammen mit anderen Rundbildern gefunden. Schon bald konnte festgestellt werden, daß diese Büste niemals zur Aufstellung im Tempel oder im Palast bestimmt gewesen war, sondern als Lehrstück gedient hatte: Sie war von einem bedeutenden Meister geschaffen worden, um als Vorlage für andere Porträts der Königin zu dienen. Zum Wesen eines Werkstattmusters gehörte es, daß es in der Regel nicht vollständig ausgeführt war. So bot es dem Bildhauer die Möglichkeit, durch die nicht fertigen Details oder durch die noch erkennbaren Vorzeichnungen den Herstellungsweg leichter verfolgen zu können. Bei dem Nofretete-Porträt ist sicher deshalb nur das rechte Auge ausgeführt, wobei eine schwarze Wachsschicht auf den aus dem Kalkstein herausgearbeiteten Untergrund aufgetragen und darüber eine Bergkristallschale als Augeneinlage befestigt wurde. Am nicht fertiggestellten linken Auge konnte der Bildhauer, der die Büste als Vorlage benützte, deutlich erkennen, wie weit er den Augenuntergrund aus dem Stein herausarbeiten mußte. Die Faszination, die von diesem Werk seit seiner Auffindung ausgeht, liegt im Raffinement des Gesamtaufbaus: Das sensible, kühl ebenmäßige Gesicht und die wuchtige Kronenkappe auf dem Haupt stehen in einem Spannungsverhältnis zum schlanken Hals und zur Schmalheit des Büstensockels. Die Hauptlinien der Skulptur treffen sich im Antlitz der Königin. In klassischer Weise demonstriert dieses Meisterwerk, was zum Urgrund der bildenden Kunst gehört: Form, die zum Stil geworden ist.

Viele Rundplastiken der Amarnakunst zeigen uns, daß man bei der Herstellung von Statuen ein neues Werkstattverfahren anwandte. Man unterschied jetzt nackte und bekleidete Partien des menschlichen Körpers durch die Auswahl verschiedener Gesteinssorten; es ist das erste Mal, daß in Ägypten Bildhauer in dieser Weise arbeiteten. Dabei wurden die dargestellten Figuren aus einzelnen Teilen aufgebaut, wobei nicht nur verschiedene Steine, sondern auch andere Materialien, wie etwa Fayence, Verwendung fanden.

Innerhalb der Amarnakunst können wir mehrere Wandlungen beobachten; so wurden die Übersteigerungen und Verzerrungen der Anfangsphase mehr und mehr gemildert und die expressionistischen Formen zugunsten einer immer stärker werdenden Innerlichkeit der Bildnisse verlassen. Diese Wandlung kann jedoch nicht dahingehend gedeutet werden, daß der König in seinem Reformeifer nachgelassen oder Zugeständnisse an jene gemacht hätte, die seiner Lehre skeptisch gegenüberstanden.

Ein Glücksfall war es, als die Ausgräber in dem schon genannten Bildhauergehöft in Amarna auch über zwanzig aus Stuck gebildete Köpfe fanden, die aber ebenfalls nie dazu ausersehen waren, irgendwo aufgestellt zu werden. Vermutlich waren es Gipsabgüsse von fertigen Kunstwerken, die im Bildhaueratelier magaziniert wurden. Das beste Exemplar dieser Gruppe ist ein Porträt des Königs Echnaton (heute im Ägyptischen Museum Berlin-West[48]), das in den späten Regierungsjahren des Herrschers entstand. Der 25 Zentimeter große Kopf ist teilweise bemalt; so wurden die Brauen, Augenlider, Augenumrandung sowie die Falten, welche von der Nase zum Mund laufen, durch schwarze Linien markiert. Der Bildhauer, der dieses Werk schuf, hat es verstanden, den Zügen Größe, bestechende Intelligenz, aber auch eine Spur Melancholie zu verleihen; bei aller Annäherung an das Vorbild blieb doch die zeitlose Lebensform bewahrt.

Aus der letzten Phase der Amarnazeit stammt eine 20 Zentimeter große Kalksteinbüste, die vermutlich ebenfalls König Echnaton darstellt (heute im Ägyptischen Museum Berlin-Ost[49]) und die Ludwig Borchardt in der gleichen Bildhauerwerkstatt fand. Das Gesicht der Büste ist geprägt durch leicht verschleierte Augen, ein kräftiges Kinn und aufgeworfene Lippen; insgesamt aber zeigt das Meisterwerk eine so gemäßigte Form des Ausdrucks, daß es auch als Abbild des Königs Semenchkare, des Schwiegersohns Echnatons, angesehen werden könnte.[50] Schwarze Vorzeichnungen an Augen, Hals und Wangen der Büste weisen es als Bildhauerlehrstück aus. Die Krone, von der nur der untere Rand ausgeführt ist, sollte wohl aus anderem Material angesetzt werden. Am 28. Juli

*Büste der Nofretete. Kalkstein, bemalt. Ägyptisches Museum Berlin (West)*

*Kopf Echnatons. Stuck. Ägyptisches Museum Berlin (West)*

1913 sah Rainer Maria Rilke in Berlin bei einer Durchreise dies königliche Porträt. Dem «Wunder», wie er es in einem Brief nannte, widmete er ein Gedicht:

Wie junge Wiesen, blumig, einen Abhang
durch einen leichten Überzug von Wachstum
teilnehmend machen am Gefühl des Jahres,
windwissend, fühlend, milde, beinah glücklich
über des Bergs gefährlich-schräger Bildung:
so ruht Gesicht, hinblühend, mildvergänglich
auf dieses Schädels Vorderflächen, die,
absteigend, wie mit eines Weinbergs Neigung,
zum All sich halten, Strahlendem gegenüber.[51]

Künstlerische Originalität und Erfindungsreichtum zeigen sich in der Amarnazeit auch in der Ikonographie (Beschreibung durch das Bild). So wurde neben dem abstrakten Atonbild mit seinen Strahlenhänden jetzt

*Stele des Künstlers Bak und seiner Frau.*
*Ägyptisches Museum Berlin (West)*

*Büste eines Königs, Echnaton oder Semenchkare darstellend. Kalkstein. Ägyptisches Museum Berlin (Ost)*

auch das Motiv des Uroboros entwickelt, das viele Jahrhunderte, ja bis in die römische Zeit hinein, in religiösen Bildern benützt wurde. Das griechische Wort Uroboros bedeutet «Schwanzbeißer», und die Darstellung gibt eine in sich zurückgekrümmte Schlange wieder, welche sich selbst in den Schwanz beißt.⁵² Das Bild liefert eine Beschreibung für die äußerste Weltgrenze. In diesem einfachen, aber bestechenden Bild sind tiefe religionsphilosophische Gedanken formuliert.

Immer wieder muß man sich vor Augen halten, daß der gewaltige künstlerische Aufbruch durch die neue Lehre des Königs ausgelöst wurde. Echnaton benützte zur Durchsetzung seiner Reform die Kunst als Propagandainstrument. Kein Werk der bildenden Kunst – auch nicht das in unseren Augen abstoßendste – konnte ohne Genehmigung des Königs hergestellt oder aufgestellt werden, denn er war es, der seinen Künstlern Ideen und Vorstellungen aufzwang. Wenn der «Oberste der Bildhauer an den sehr großen Denkmälern des Königs im Atontempel von Achetaton», Bak, also einer der führenden Künstler seiner Zeit, in einer Inschrift in Assuan sich als Schüler Echnatons bezeichnet, «den seine Majestät selbst unterwiesen hat»⁵³, so dürfen wir ihm diese Aussage sicher glauben.

# Echnaton – ein Kranker?

Als im 19. Jahrhundert die Ägyptologie sich näher mit den Denkmälern der Ära Amenophis' IV. Echnaton beschäftigte, da suchte man auch nach Erklärungen für die absonderlichen und merkwürdigen Darstellungen des Königs. Im Jahre 1855 veröffentlichte der französische Ägyptologe Auguste Mariette – der übrigens die Fabel für Verdis Oper «Aida» lieferte – in einer Fachzeitschrift einen Artikel, der dieses Problem zum Inhalt hatte.[54] Der Autor erklärte die Bildnisse des Königs mit seinem sonder-

*Statuette einer Prinzessin. Ägyptisches Museum Berlin (West)*

*Zwei Prinzessinnen mit der für sie typischen Kopfform.
Reliefffragment aus Hermopolis. Kestner-Museum Hannover*

baren Gesicht, dem schwellenden Busen, dem gewölbten Bauch und den dicken Oberschenkeln als Darstellungen eines Eunuchen. Da Mariette aber andererseits wußte, daß Echnaton nicht nur mit Nofretete verheiratet war, sondern auch mehrere Kinder von ihr hatte, verband er damit eine phantastische Geschichte: Bei einer kriegerischen Unternehmung in Nubien, noch zu Lebzeiten von König Amenophis III., sei der Kronprinz, der schon in jungen Jahren Nofretete geheiratet hatte, in Gefangenschaft geraten. Dort habe man ihn verstümmelt und kastriert, wie es seit urdenklichen Zeiten bei manchen Negerstämmen Brauch sei. Diese Legende fand sogar Eingang in verschiedene Geschichtsbücher des vorigen Jahrhunderts.[55] Natürlich gab es auch andere Deutungen. So sahen manche in Echnatons Erscheinung das Abbild einer Frau.[56] Auf den Grabreliefs in den Felsgräbern von Amarna, die damals schon bekannt waren, glaubte man in den Bildern zwei Königinnen zu erkennen. Tatsächlich

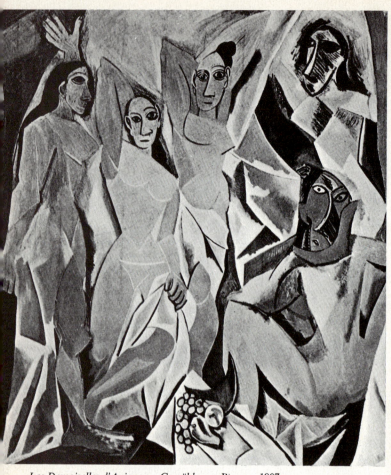

*«Les Demoiselles d'Avignon». Gemälde von Picasso, 1907*

sind Echnaton und Nofretete darauf manchmal schwer zu unterscheiden, wenn man von der Bekrönung absieht, die jedoch vielfach zerstört ist. Beide zeigen sie nämlich dieselben Gesichtslinien, einen langen, dünnen Hals, Brüste sowie pralle Oberschenkel. Dazu kommt noch, daß der König ein Gewand trägt, das dem Kleid der Königin sehr ähnlich ist. Als in den zwanziger Jahren unseres Jahrhunderts jene Kolossalstatuen des Herrschers in Karnak zutage kamen, die ihn in grotesken Formen und teilweise nackt, aber geschlechtslos wiedergeben, setzte eine intensive

Diskussion über die körperliche Verfassung des Königs ein. Prominente Pathologen kamen zu dem Schluß, daß Echnaton auf Grund der Darstellungen an einer in der medizinischen Wissenschaft als «Fröhlichsches Syndrom» (Dystrophia adiposo-genitalis) benannten Krankheit und an Hydrozephalus (Wasserkopf) gelitten haben müsse. Cyril Aldred, der diese Diagnose in seine 1968 erschienene Echnaton-Monographie übernommen hat, beschreibt die Symptome: «Bei männlichen Patienten, die an dieser Störung leiden, zeigt sich Korpulenz oft in der gleichen Weise wie bei Echnaton. Ihre Genitalien bleiben unterentwickelt und können so in Fettpolster eingebettet sein, daß man sie nicht mehr bemerkt. Die Fettleibigkeit mag einen unterschiedlichen Grad erreichen, doch stets verteilt sich das Fett in der Brust-, Bauch-, Scham-, Schenkel- und Gesäßpartie, wie es für den weiblichen Habitus typisch ist. Die unteren Gliedmaßen dagegen pflegen dünn zu sein.»[57]

Auch die Bilddarstellungen der Töchter Echnatons wurden in die medizinische Auslegung miteinbezogen. Die bei allen sechs Prinzessinnen wiedergegebene eigentümliche und weitausladende Hinterkopfform wird gelegentlich als ein vom Vater ererbter krankhafter Zug gedeutet. Andererseits findet sich auch die Annahme, die Köpfe der Kinder seien künstlich deformiert worden, wie man dies bei dem afrikanischen Stamm der Mangbetu nachgewiesen hat.[58]

In jüngster Zeit ist die Ägyptologie von diesen medizinischen Auslegungen der Bildnisse Echnatons teilweise abgerückt, nicht nur deshalb, weil der Leichnam des Herrschers bis zum heutigen Tag unentdeckt geblieben ist und nur er letztlich auf biologische Fragen eine Antwort geben könnte, sondern auch, weil die Darstellungen für eine pathologische Analyse ungeeignet sind. Die ägyptische Kunst hat zu keiner Zeit, auch nicht in der Ära Echnatons, veristische oder realistische Zeugnisse hervorgebracht. Wenn der Reformator in femininen Formen auftritt, so war dieser Tatbestand für die Ägypter sicher keine Neuerung. Schon vor Echnaton hat man zum Beispiel den Nilgott Hapi, der dem Land Fruchtbarkeit bringen sollte, in weiblichem Habitus dargestellt.[59]

Neben der literarischen Vorstellung vom König als «Vater und Mutter seines Volkes» war auch der geschlechtslose Urgott[60] dem ägyptischen Denken geläufig. So revolutionäre Wege Echnaton auch ging, viele seiner Ideen stammten doch – abgewandelt zwar – aus dem religiösen Fundus vorangegangener Epochen.

Die medizinische Interpretation der Bildnisse Echnatons ist ebenso wenig hilfreich wie etwa die pathologische Deutung expressionistischer oder kubistischer Kunstwerke. – Welche Erkenntnis brächte denn zum Beispiel eine medizinische Analyse von Pablo Picassos Gemälde «Les Demoiselles d'Avignon»?

# Die Vollendung des Werkes

Nachdem sich Echnaton in seiner neuen Hauptstadt Achetaton eingerichtet hatte und von dort aus das Land regierte, setzte er seine religiöse Umwälzung konsequent fort. Als Zeitspanne für diese weitere Umbruchszeit kann man das sechste bis zwölfte Regierungsjahr ansetzen.

Hatte der König in der ersten Phase der Reformation Aton an die Spitze des Pantheon gesetzt, ihm dann später durch eine übergroße Bevorzugung vor allen anderen Gottheiten eine einmalige Sonderstellung eingeräumt, so unterdrückte der Herrscher jetzt schrittweise die anderen Götter und strebte damit zu einer immer vollkommeneren Reinheit seiner Lehre von Aton. Die «Revolution von oben» hat sich dahingehend entwickelt, daß aus einer religiösen Haltung, welche die Hingabe an nur einen Gott forderte, ohne das Vorhandensein anderer Götter zu leugnen (Henotheismus), zum erstenmal in der Geschichte der Menschheit ein Glaube wurde, der nur noch einen einzigen Gott – unter Leugnung aller anderen numinosen Wesen – anerkannte (Monotheismus). Dabei war dieser Glaube nicht etwa im Volk gewachsen, sondern der König hat ihn seinen Untertanen aufgezwungen. Monotheismus bildet den Gegenbegriff zur Verehrung einer Vielzahl persönlich gedachter Götter: Welche Strenge der Lehre Echnaton dabei anstrebte, macht die Tatsache deutlich, daß der Herrscher es immer mehr vermied, den Begriff «Gott» (ägyptisch Netjer) zu verwenden, weil dieses Wort mit der früheren Göttervielfalt zu sehr verknüpft war. In der Regel umschrieb er das Wort mit «der lebendige Aton».

Alle monotheistischen Religionen, so verschieden sie auch in ihren Glaubensinhalten sein mögen, besitzen doch einige Grundcharaktereigenschaften. An ihren Anfängen nämlich steht immer ein Stifter, sei es Echnaton, Moses, Jesus, Mohammed oder Zarathustra, der seinen Gott als den einzigen wahren Gott verkündet. Unvereinbar mit dem Monotheismus ist auch die Vorstellung, daß über ein Volk oder Land ein bestimmter Gott herrscht, während für andere Völker oder Länder andere numinose Wesen existieren (s. «Außenpolitik und Verwaltung»: S. 100f). Hatte das polytheistische Ägypten immer Toleranz gegenüber ausländischen Göttern und Religionen geübt, so duldete Echnaton neben Aton keine Konkurrenz; der neue Glaube hat die religiöse Welt entgöttert. Ein

Hymnus, der sogenannte Sonnengesang des Echnaton, vermittelt uns gute theologische Einblicke in das neugeformte Wesen des Aton. Dieses berühmte Literaturwerk ist in dreizehn langen Zeilen im Amarna-Felsgrab des Würdenträgers und königlichen Schwiegervaters Eje aufgezeichnet. Im Mittelpunkt der Dichtung, die Echnaton selbst verfaßt haben soll, steht der Lobpreis Atons als des Schöpfers und Erhalters der Welt. Da die übrigen Götter und ihre Namen fehlen, finden wir darin auch keine Anspielungen auf mythische Vorstellungen. Auch die Bezirke Nacht und Tod, die in allen übrigen ägyptischen Dichtungen so voller göttlicher Gestalten sind, werden in Echnatons Sonnengesang nur knapp, als dem Aton feindlich, erwähnt. Der große Atonhymnus, wie das Literaturwerk auch bezeichnet wird, wurde zum erstenmal von dem französischen Ägyptologen Urbain Bouriant im Jahre 1884 publiziert, die verbesserte und heute gültige Textvorlage legte der Engländer Norman de Garis Davies 1908 im letzten Band seiner berühmten Amarna-Reihe vor. Eine der altägyptischen Metrik angenäherte Übersetzung des Sonnengesangs lautet:[61]

*Schön erscheinst du*
*im Horizonte des Himmels,*
*du lebendige Sonne,*
*die vom Anbeginn lebt!*
*Du bist aufgegangen im Osthorizont*
*und hast jedes Land mit deiner Schönheit erfüllt.*
*Schön bist du, groß und strahlend,*
*hoch über allem Land.*

*Deine Strahlen umfassen die Länder*
*bis ans Ende von allem, was du geschaffen hast.*
*Du bist Re, wenn du ihre Grenzen erreichst,*
*wenn du sie niederbeugst für deinen geliebten Sohn.*
*Fern bist du, doch deine Strahlen sind auf Erden;*
*du scheinst auf die Gesichter, doch unerforschlich ist dein Lauf.*

*Gehst du unter im Westhorizont,*
*so ist die Welt in Finsternis,*
*in der Verfassung des Todes.*
*Die Schläfer sind in der Kammer,*
*verhüllten Hauptes, kein Auge sieht das andere.*
*Raubt man alle ihre Habe, die unter ihren Köpfen ist –*
*sie merken es nicht.*
*Jedes Raubtier ist aus seiner Höhle gekommen,*
*und jede Schlange beißt.*

*Die Finsternis ist ein Grab,
die Erde liegt erstarrt,
[denn] ihr Schöpfer ist untergegangen in seinem Horizont.*


*Am Morgen [aber] bist du aufgegangen im Horizont
und leuchtest als Sonne am Tage;
du vertreibst die Finsternis und schenkst deine Strahlen.
Die Beiden Länder sind täglich im Fest,
die Menschen sind erwacht
und stehen auf den Füßen, [wenn] du sie aufgerichtet hast.
Rein ist ihr Leib, Kleider haben sie angelegt,
ihre Arme sind anbetend [erhoben] bei deinem Erscheinen,
das ganze Land tut seine Arbeit.*


*Alles Vieh ist zufrieden mit seinem Kraut,
Bäume und Kräuter grünen.
Die Vögel sind aus ihren Nestern aufgeflogen,
ihre Schwingen preisen deine Kraft [Ka].
Alles Wild hüpft auf den Füßen,
alles, was fliegt und flattert, lebt,
wenn du für sie aufgegangen bist.
Die Lastschiffe fahren stromab
und wieder stromauf,
jeder Weg ist offen durch dein Erscheinen.
Die Fische im Strom
springen vor deinem Angesicht,
deine Strahlen sind im Innern des Meeres.*


*Der du den Samen sich entwickeln läßt in den Frauen,
der du «Wasser» zu Menschen machst,
der du den Sohn am Leben erhältst im Leib seiner Mutter
und ihn beruhigst, so daß seine Tränen versiegen –
du Amme im Mutterleib! –
der du Atem spendest, um alle Geschöpfe am Leben zu erhalten.
Kommt [das Kind] aus dem Mutterleib heraus,
um zu atmen am Tag seiner Geburt,
dann öffnest du seinen Mund vollkommen
und sorgst für seine Bedürfnisse.
Das Küken im Ei,
das [schon] in der Schale redet –
du gibst ihm Luft darinnen, um es zu beleben.
Du hast ihm seine Frist gesetzt,
[die Schale] zu zerbrechen im Ei;*

*es geht hervor aus dem Ei,*
*um zu sprechen zu seiner Frist,*
*es läuft [schon] auf den Füßen, wenn es herauskommt aus ihm.*

*Wie zahlreich sind deine Werke,*
*die dem Angesicht verborgen sind,*
*du einziger Gott, dessengleichen nicht ist!*
*Du hast die Erde geschaffen nach deinem Wunsch, ganz allein,*
*mit Menschen, Vieh und allem Getier,*
*[mit,] allem, was auf der Erde ist,*
*was auf Füßen umherläuft,*
*[und allem,] was in der Höhe ist und mit seinen Flügeln fliegt.*
*Die Fremdländer von Syrien und Nubien,*
*[dazu] das Land Ägypten –*
*jedermann stellst du an seinen Platz und sorgst für seine Bedürfnisse,*
*ein jeder hat seine Nahrung, seine Lebenszeit ist bestimmt.*
*Die Zungen sind verschieden im Reden,*
*ebenso ihre Wesenszüge;*
*ihre Hautfarbe ist verschieden, [denn] du unterscheidest die Völker.*

*Du schaffst den Nil in der Unterwelt*
*und bringst ihn [herauf] nach deinem Willen,*
*die Menschen am Leben zu erhalten, da du sie geschaffen hast.*
*Du bist ihrer aller Herr, der sich abmüht an ihnen,*
*du Herr aller Lande, der für sie aufgeht,*
*du Sonne des Tages, gewaltig an Hoheit!*
*[Selbst] alle fernen Fremdländer erhältst du am Leben,*
*hast du [doch] einen Nil an den Himmel gesetzt, daß er zu ihnen herabkomme*
*und Wellen schlage auf den Bergen, wie das Meer,*
*um ihre Felder zu befeuchten mit dem, was sie brauchen.*

*Wie wirksam sind deine Pläne, du ewiger Herr!*
*Den Nil am Himmel, den gibst du den Fremdvölkern*
*und allem Wild der Wüste, das auf Füßen läuft;*
*[aber] der [wahre] Nil kommt aus der Unterwelt nach Ägypten.*
*Deine Strahlen säugen alle Felder –*
*wenn du aufgehst, leben sie und wachsen für dich.*
*Du schaffst die Jahreszeiten, um alle deine Geschöpfe sich entwickeln zu lassen –*
*den Winter, um sie zu kühlen,*
*die [Sommer]glut, damit sie dich spüren.*
*Du hast den Himmel fern gemacht,*
*um an ihm aufzugehen und alles zu schauen, was du geschaffen hast.*

*Einzig bist du, wenn du aufgegangen bist,*
*in [all] deinen Erscheinungsformen als lebendiger Aton,*
*der erscheint und erglänzt,*
*sich entfernt und sich nähert;*
*du schaffst Millionen von Gestalten aus dir allein –*
*Städte, Dörfer und Äcker,*
*Wege und Strom.*
*Alle Augen sehen sich dir gegenüber,*
*wenn du als Sonne des Tages über dem Land bist.*
*Wenn du fortgegangen bist, dein Auge nicht [mehr] da ist,*
*das du um ihretwillen geschaffen hast,*
*damit du nicht allein dich selber siehst und das, was du geschaffen hast [?] –*
*[auch dann] bleibst du in meinem Herzen, [denn] kein anderer ist,*
*der dich kennt,*
*außer deinem Sohn Nefercheprure [Echnaton];*
*du läßt ihn deine Absichten und deine Macht erkennen.*

*Die Welt entsteht auf deinen Wink, wie du sie geschaffen hast.*
*Bist du aufgegangen, so leben sie,*
*gehst du unter, so sterben sie;*
*du bist die Lebenszeit selbst, man lebt durch dich.*
*Die Augen sind auf [deine] Schönheit gerichtet, bis du untergehst.*
*Alle Arbeit wird niedergelegt, wenn du im Westen untergehst,*
*[aber] der Aufgehende stärkt [alle Arme] für den König,*
*und Eile ist in jedem Bein.*
*Seit du die Welt gegründet hast, erhebst du sie*
*für deinen Sohn, der aus deinem Leib hervorgegangen ist,*
*den König von Ober- und Unterägypten Nefercheprure*
*... Echnaton ...*[62]

Man hat immer wieder festgestellt, daß das «Hohe Lied» der Amarna-Religion seine Spuren im 104. Psalm des Alten Testaments hinterlassen hat. Überzeugende Parallelen zeigen hier vor allem die Psalmverse 20 bis 25:

Vers 20. Du machst Finsternis, daß es Nacht wird;
   da regen sich alle wilden Tiere,
Vers 21. Die jungen Löwen, die da brüllen nach dem Raub
   und ihre Speise suchen von Gott.
Vers 22. Wenn aber die Sonne aufgeht, heben sie sich davon
   und legen sich in ihre Höhlen.
Vers 23. So geht dann der Mensch aus an seine Arbeit
   und an sein Ackerwerk bis an den Abend.
Vers 24. Herr, wie sind deine Werke so groß und viel!

> Du hast sie alle weislich geordnet,
> und die Erde ist voll deiner Güter.
> Vers 25. Da ist das Meer, das so groß und weit ist,
> da wimmelt's ohne Zahl, große und kleine Tiere.[63]

Besonders reich ist der Atonhymnus an Bildern der Natur. Diese Naturverbundenheit, die sich überall in der bildenden Kunst äußerte, läßt assoziative Verbindungen zu einem anderen berühmten Literaturwerk entstehen, dem Sonnengesang des heiligen Franz von Assisi. Hier wie dort steht die Natur, die Gott geschaffen hat, im Mittelpunkt.

Aufschluß gibt der Atonhymnus über die Stellung des Königs in der neuen Religion. Das Wesen des Aton offenbarte sich ausschließlich ihm, denn *kein anderer ist, der dich kennt*; nur Echnaton wußte um die Forderungen und Gebote seines Gottes. In dieser Konstellation kam ihm eine ungeheure Machtfülle zu. Zwar war jeder ägyptische König in seiner Rolle als Horus auf Erden göttlich, aber die Verehrung, die ihm zuteil wurde, galt dem Amtsträger und nicht der Person. Jetzt war es anders: die neue Lehre war ganz auf die Person Echnatons ausgerichtet.

> Deine Hände sind die Strahlen des Aton,
> du formst die Menschen und ihre Sinnesart ...[64]

sprach sein Günstling Tutu zu ihm. Echnaton war also nicht nur Herrscher, sondern quasi eine Mittlergottheit zwischen dem in die Unerforschlichkeit entrückten Gott Aton und den Menschen. Auch die königliche Familie war in diese Sonderstellung miteinbezogen. Da es Mythen (Göttergeschichten) in der neuen Religion nicht mehr gab, trat in das entstandene Vakuum die Familiengeschichte des Herrschers: Die große Königsgemahlin Nofretete behauptete sich in Kult und Staat fast gleichberechtigt neben Echnaton. Es ist deshalb nicht verwunderlich, daß die Untertanen von Amarna vor Hausaltären mit dem Bild der königlichen Familie ihre Andachten verrichteten. Einen solchen Altar besitzt das Ägyptische Museum Berlin-West.[65] Es handelt sich dabei um eine 32 Zentimeter große, rechteckige Kalksteinplatte, welche in Relief das Königspaar thronend in einer Art Laube zeigt. Drei Töchter des Paares sind ebenfalls dargestellt; Echnaton hält die älteste, Meritaton, in seinen Armen und liebkost sie, während die beiden anderen Prinzessinnen, Maketaton und Anchesenpaaton, auf dem Schoß bzw. an der Schulter der Mutter wiedergegeben sind. Über der königlichen Familie erscheint die Sonnenscheibe des Gottes Aton. Eine Vielzahl von Strahlenarmen führen zur Erde und halten teilweise Lebenszeichen in den Händen. Dieses Bild der heiligen Familie war wohl ursprünglich in eine Wand im Haus eines Amarna-Würdenträgers eingelassen, wie die Mörtelauflage auf der

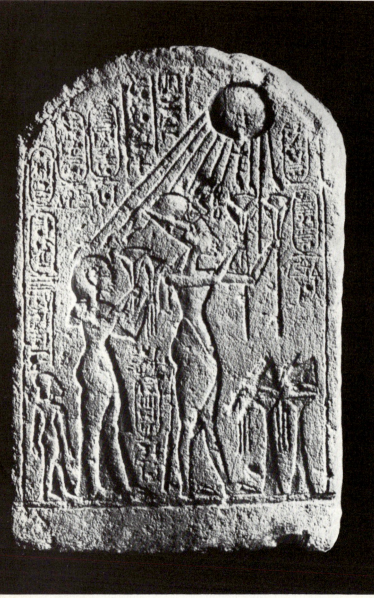

*Echnaton, Nofretete und Meritaton beim Atonopfer. Stele.
Kestner-Museum Hannover*

*Höflinge in Proskynese vor dem Herrscher. Relieffragment aus Hermopolis. Sammlung Norbert Schimmel New York*

Rückseite der Platte noch zeigt. Spuren lassen erkennen, daß das Relief einmal einen hölzernen Rahmen mit Flügeln besaß, so daß das Bild nach Beendigung der Andacht verschlossen werden konnte. Andere Altäre mögen in den Wohnungen der Untertanen an besonderer Stelle auf Sockeln gestanden haben; das offizielle Verehrungsbild durfte sicherlich in keinem Haus in Achetaton fehlen. Es gehört durchaus in diesen Zusammenhang, daß sich die Beamten auf den Darstellungen tiefer vor ihrem Herrscher bücken, als man es sonst gewohnt ist.

Wohl im neunten Regierungsjahr wurde ein Namenswechsel des Aton vorgenommen. Seine beiden in Kartuschen eingeschriebenen Namen lauteten bisher: *Es lebt Re Harachte, der im Horizont jubelt, in seinem Namen als Licht, das in der Sonne ist.* Vor allem entfernte man jetzt den Gottesnamen Harachte («horizontischer Horus») und ersetzte ihn durch den neutraleren Begriff «horizontischer Herrscher». Mit dieser Änderung wurde also die altehrwürdige Erscheinungsform des Sonnengottes, die Falkengestalt, endgültig beseitigt. Doch gehörte der Falke weiterhin zu den wenigen heiligen Tieren, die auch in Achetaton geduldet wurden. Der neue Name des Aton, der von nun an in den beiden Kartuschen erscheint, verrät durch die Tilgung des Gottesnamens Harachte ein Streben nach einer vollkommeneren Form des Monotheismus; gleichzeitig wurde das Vater-Sohn-Verhältnis des Aton mit dem König angedeutet: *Es lebt Re, der horizontische Herrscher, der im Lichtland jubelt, in seinem Namen als Re der Vater, der als Aton kommt. ...*[66]

Der einzige Gott, den die neue Religion verehrte, präsentierte sich den Menschen auch nur in einer einzigen Gestalt. Aton wurde stets als Sonnenscheibe dargestellt, an deren unterem Rand eine aufgerichtete Kobra (Uräusschlange), versehen mit einem Lebenszeichen (Henkelkreuz), erschien. So blieb die Uräusschlange in Achetaton ebenfalls unangetastet, vermutlich weil man sie nur noch als Machtemblem verstand. Von der Sonnenscheibe des Aton gingen Strahlen aus, die immer in menschlichen Händen endeten. Mit diesen Händen trat der Gott in Verbindung mit der Erde, vor allem mit Echnaton und Nofretete, indem er ihnen das Lebenszeichen reichte. Niemals wurde Aton allein dargestellt, der König oder die Tempel waren immer in die Bilder miteinbezogen.

Das Wesen der Amarna-Religion, in der sich ein planmäßiger Monotheismus und ein Gottesstaat verwirklichten, analysiert Jan Assmann: «Ist eine Religion überhaupt denkbar, die ganz ohne persönliche Gott-Mensch-Beziehung auskommt und die Frömmigkeit auf eine rein vegetabilische Lichtbezogenheit reduziert, auf die bloße Lebensregung und kreatürliche Abhängigkeit? Solch eine Religion ist gewiß nicht denkbar, aber wer so argumentiert, übersieht, daß die Amarna-Religion um zwei Brennpunkte kreist: das Licht und den König. Wenn im Licht alle göttlichen Schöpfer- und Lebenskräfte zusammengeflossen sind, so sind im Königsbegriff von Amarna alle Formen einer persönlichen Gott-Mensch-Beziehung gleichsam monopolisiert.»[67]

Wohl nach der Namensänderung des Aton ließ der Herrscher alle Tempel der anderen Götter im ganzen Land schließen, und um ihr Andenken vollständig zu tilgen, setzte eine regelrechte Verfolgung ein. Kolonnen von Steinmetzen wurden durch das ganze Land geschickt, um bis nach Nubien hinein vor allem das Abbild und den Namen des verhaßten Amun auszuhacken. Einen besonderen Schwerpunkt der Stürmerei bildete der Tempel dieses Gottes in Karnak: Sein Name ist dort selten unzerstört geblieben, selbst auf der Spitze von Obelisken wurde er getilgt. Aber auch andere Götter waren von der Verfolgung betroffen, selbst die Pluralschreibung «die Götter» wurde mitunter gelöscht.[68]

Man kann sich gut vorstellen, daß es für viele Ägypter schwierig, ja unmöglich war, die neue Lehre Echnatons anzunehmen. Eine große Zahl mag deshalb am Glauben der Väter festgehalten und zu den alten Göttern gebetet haben. Dies aber hatte heimlich zu geschehen; es gab sicherlich genug Spitzel und Denunzianten, die ihre Karriere oder ihren Profit auf den Sturz eines anderen aufbauten. – Was immer auch geschah, wir wissen nichts Genaues darüber. Doch soviel steht fest: der Gottesstaat Echnatons war für die Untertanen keine Idylle.

## Außenpolitik und Verwaltung

Weit verbreitet ist die Meinung, König Echnaton habe sich ausschließlich seinem religiösen Reformwerk hingegeben und alle außenpolitischen Vorgänge mehr oder weniger ignoriert, ja er sei auf Grund seiner religiösen Überzeugung geradezu ein Pazifist gewesen, der die Bedrohung durch das hethitische Großreich mit seinem starken König Suppiluliuma I. nicht habe erkennen wollen und der damit den Bestand Ägyptens in den bisherigen Grenzen aufs Spiel gesetzt habe.

Die Quellen, die uns zur Verfügung stehen, zeichnen jedoch ein etwas anderes Bild: So spielten gerade Militärs im politischen Leben eine nicht unerhebliche Rolle, denn Schlüsselpositionen des Staates waren mit Männern besetzt, die zuvor eine militärische Laufbahn hinter sich gebracht hatten. Auch sind in den Gräbern von Amarna Soldatendarstellungen beliebter als in Gräbern vorangegangener Zeiten. In diesen Fakten dokumentiert sich, daß Echnaton wie alle Pharaonen nicht darauf verzichtet hat, sich militärischer Macht zu bedienen.

Was die Beziehung zu den vorderasiatischen Ländern betrifft, so hatte Echnaton hier seinem Günstling Tutu die Verantwortung für den diplomatischen Verkehr übertragen.[69] Einen recht guten Einblick in die außenpolitischen Vorgänge vermitteln uns die sogenannten Amarna-Briefe; hierbei handelt es sich um beschriftete Tontafeln, die einst zum Staatsarchiv von Amenophis III. und seinem Sohn Amenophis IV. Echnaton gehörten und die bei der Aufgabe der Stadt zurückgelassen worden waren. Die genaue Fundgeschichte dieser wichtigen Dokumente liegt leider im dunkeln, da sie größtenteils aus unwissenschaftlichen Grabungen stammen.

Im Jahre 1887 grub nämlich eine Bäuerin in Amarna an der Stelle, wo sich dereinst das Staatsarchiv von Achetaton befunden hatte. Dabei kamen einige Tontafeln zutage, welche mit Keilschriftzeichen bedeckt waren. Diese Schrift wurde im antiken Vorderasien allgemein verwendet; ihren Namen verdankt sie den keilförmigen Strichen, die mit einem Rohrgriffel in die Tontafeln eingedrückt wurden. Für geringes Geld verkaufte

*Keilschriftbrief des Mitanni-Königs Tuschratta an Amenophis III. Vorderseite. Britisches Museum London. Nach W. Wolf: «Funde in Ägypten», Göttingen 1966*

die Bäuerin ihren Fund. Die Folge von diesem kleinen Geschäft war, daß andere Einheimische ebenfalls anfingen, dort zu graben. So kamen nach und nach zahlreiche Tontafeln zum Vorschein. Dies alles geschah natürlich in größter Heimlichkeit, denn die Gesetze schrieben vor, daß alle Funde von Altertümern der Behörde gemeldet werden mußten. Über Händler versuchten die Bauern ihre Ware abzusetzen. So kam es, daß in Kairo 1888 über zweihundert Tafeln zum Kauf angeboten wurden. Vertreter des Britischen Museums und des Ägyptischen Museums Berlin erwarben den Hauptanteil, andere Museen schreckten vor dem Ankauf zurück, weil die Verantwortlichen die Tafeln für Fälschungen hielten.

Flinders Petrie, der im Winter 1891/92 in Amarna grub, gelang es, das ehemalige Staatsarchiv freizulegen und neue Tontafeln zu entdecken. Bis heute sind 379 Exemplare bekannt geworden[70]; sie vermitteln uns einen gewissen Teil der Asien-Korrespondenz des königlichen Hofes über mehrere Jahrzehnte hinweg. Die älteren Briefe stammen noch aus der letzten Regierungsphase Amenophis' III., die jüngeren verteilen sich über die Ära seines Sohnes. Gefundene Alabasteretiketten belegen, daß die Tafeln im Staatsarchiv einst wohlgeordnet und beschriftet in Holzkästen aufbewahrt wurden. Leider ist die chronologische Einordnung mancher Briefe problematisch: sie sind nämlich undatiert, und erschwerend tritt der ungeordnete Zustand hinzu, in dem sie auf uns gekommen sind. Bemerkenswert ist vor allem die Tatsache, daß beinahe alle Briefe – nur drei bilden eine Ausnahme – in babylonischer Sprache und Keilschrift abgefaßt wurden. Daraus läßt sich entnehmen, daß man sich damals im diplomatischen Verkehr mit Asien des Babylonischen bediente und daß diese Sprache eine ähnliche Rolle spielte wie heute das Englische. Bei den gefundenen Tontafeln handelt es sich sowohl um Briefe, die der ägyptische Hof an asiatische Fürsten abschickte (diese Exemplare sind zweifellos abgelegte Kopien), als auch um Schreiben, welche das ägyptische Herrscherhaus von dort empfing. Der Inhalt der Asien-Korrespondenz ist sehr unterschiedlich: Da gibt es Briefe, in welchen es um eine diplomatische Heirat geht, daneben in einem anderen soll ein wunderwirkendes Götterbild an den ägyptischen König gesandt werden. Einige Schreiben von asiatischen Fürsten sind schlicht und einfach Bettelbriefe des Inhalts, daß der ägyptische König Gold schicken solle. Auch Fehden von rivalisierenden ägyptischen Provinzen wurden auf Tontafeln gemeldet. Besonders interessant ist jener Brief, den der Mitanni-König Tuschratta beim Tode Amenophis' III. an die Königinwitwe Teje sandte. In diesem Schreiben erinnert Tuschratta die Königin an die Freundschaft, die zwischen ihm und dem Verstorbenen bestanden hat. Er bittet nun Teje, dafür Sorge zu tragen, daß diese freundschaftliche Beziehung auch unter Amenophis IV. weiter bestehen möge. Aus diesem Brief kann man die Furcht des asiatischen Herrschers ablesen, beim Regierungswechsel könnten in den Beziehungen zwischen Ägypten und Mitanni ungünstige Veränderungen eintreten, die ihn für den Bestand seines Reiches fürchten ließen. Bedeutsam ist auch die Tatsache, daß er das Schreiben an Teje adressierte, was die herausragende Stellung, welche diese Frau am königlichen Hof innehatte, nachdrücklich unterstreicht.

Wie solche königlichen Korrespondenzen abgefaßt waren, demonstriert der Brief eines babylonischen Königs an Amenophis IV.:

«Zu Nipchururia [Amenophis IV.], König von Ägypten, hat also gesprochen Burnaburiasch, König von Karaduniasch [Babylonien], dein Bruder: Mir ist Wohlbefinden, dir, deinem Haus, deinen Frauen, deinen Kindern, deinem Lande, deinen Großen, deinen Pferden, deinen Wagen sei in hohem Grade Wohlbefinden! – Seit mein Vater und dein Vater miteinander über gute Freundschaft redeten, übersandten sie einander schöne Geschenke, und etwas Schönes, worum gebeten wurde, verweigerten sie einander nicht. Jetzt hat mein Bruder nur zwei Minen Gold zum Geschenk für mich übersandt. Nun aber: Ist Gold in Mengen vorhanden, so übersende soviel wie das deines Vaters! Wenn aber weniger vorhanden ist, so übersende die Hälfte von dem deines Vaters! Warum hast du nur zwei Minen Gold übersandt?»[71]

Nach den Amarna-Briefen stellt sich die außenpolitische Situation in Vorderasien während der Regierungszeit Amenophis' IV. Echnaton etwa so dar: Die Hethiter unter dem König Suppiluliuma I., deren Reich auf dem Gebiet der heutigen Türkei lag, bedrohten offensiv den Staat der Mitanni, der mit Ägypten verbündet war, respektierten aber andererseits den ägyptischen Einflußbereich in Palästina und Syrien. Da das Mitanni-Reich in seiner Gesamtheit fortbestand, hatte Echnaton keinen zwingenden Grund, militärisch einzugreifen. Bemerkenswert war das Verhalten der kleineren Fürstentümer, die als ägyptische Provinzen anzusehen waren, deren Territorien aber geographisch dem Hethiterreich näher lagen. Der Fürst Aziru von Amurru, einem Kleinstaat zwischen Ugarit und Byblos (heute ein Teil des nördlichen Libanon), und der Stadtfürst Aitakama von Kadesch, einer Stadt am Fluß Orontes, betrieben eine Schaukelpolitik. Aziru vor allem gab sich ausgesprochen prohethitisch und verletzte dadurch ägyptische Interessen. Wegen dieses Verhaltens wurde er an den ägyptischen Hof zitiert. Da aber trat der Fürst als entschiedener Parteigänger Ägyptens auf, so daß man ihn beruhigt nach Amurru zurückkehren ließ. Dort angekommen, wechselte er jedoch ganz ins hethitische Lager, wie kurz zuvor der Fürst Aitakama von Kadesch. Der Abfall der beiden Vasallen erfolgte in der allerletzten Regierungszeit Echnatons. Eine ägyptische Strafexpedition gegen Aitakama von Kadesch rief den hethitischen König auf den Plan, der nun seinerseits die ägyptische Provinz Amka in Nordsyrien angriff. So befand sich Ägypten in dieser Zeit unter mancher Bedrohung von außen, doch erst nach Echnatons Tod büßte das Land die Vorherrschaft in Vorderasien ein, nachdem der Stadtfürst von Byblos, Ribaddi, ein unerschütterlich treuer Anhänger Ägyptens, von seinem Thron vertrieben worden war.

Wenden wir uns jetzt der südlich von Ägypten gelegenen Provinz Nubien zu, die für die Ägypter schon seit urdenklichen Zeiten als Rohstofflieferant eine immense Bedeutung hatte. Seit der Zeit des Neuen Reiches (1540–1070 v. Chr.) bezeichnete man Nubien allgemein als «Kusch», während man davor oft spezielle geographische Namen benützt hatte. Das Land – streng genommen ist es das Niltal – erstreckt sich dem Fluß aufwärts folgend südlich von Assuan (erster Nilkatarakt). Im Verlauf der Geschichte war die Südgrenze des von Ägypten kontrollierten Teils fließend, ja zeitweise ging das Gebiet ganz verloren und konnte sich als selbständiges Fürstentum etablieren. Könige der 18. Dynastie aber hatten durch erfolgreiche Kriegszüge die Provinz Kusch laufend vergrößert, und Thutmosis III. (1479–26 v. Chr.), einer der großen Feldherren auf dem Pharaonenthron, brachte das Niltal bis zum Gebel Barkal, einem aus der flachen Landschaft aufragenden Sandsteinmassiv (vierter Nilkatarakt), unter seine Herrschaft und gründete dort einen bedeutenden Tempel für den Gott Amun. Damit dehnte sich das Land Kusch entlang dem Niltal über annähernd tausend Kilometer aus. Doch nubische Stammesfürsten wollten das fremde Joch immer wieder abschütteln. So wurde, um das Land noch stärker an Ägypten zu binden, das Amt eines Vizekönigs mit den Titeln «Königssohn von Kusch» und «Vorsteher der südlichen Fremdländer» geschaffen; der Amtsinhaber, der jeweils vom König ernannt wurde, war Chef einer straff organisierten Militärverwaltung. Trotz dieser Maßnahme hören wir immer wieder von Aufständen nubischer Rebellen. Heute gehört das alte Kusch politisch zum kleineren Teil zu Ägypten, vorwiegend aber zum Sudan.

Amenophis IV. Echnaton entfaltete in Nubien – wie andere Könige vor ihm – eine rege Bautätigkeit, die einerseits zu Ehren Ägyptens erfolgte, die aber andererseits vor allem eine Machtdemonstration darstellte. In den ersten Regierungsjahren begann der König, der damals noch Amenophis hieß, mit dem verstärkten Ausbau der Stadt Sesibi, die am Westufer des Nils zwischen dem zweiten und dritten Katarakt lag. Vermutlich war der Tempel dieser Stadt noch für die thebanische Triade Amun, Mut und Chons entworfen. Im Gotteshaus finden sich aber auch Darstellungen anderer Götter, zum Beispiel von Osiris und Atum sowie von König Amenophis IV. selbst und von seiner Gemahlin Nofretete. Die Bilder des Königspaares wurden später ausgehackt, als man Echnatons Andenken zu verfolgen begann.

Etwas weiter südlich, zwischen dem dritten und vierten Katarakt, gründete der König vermutlich den Ort Kawa, dessen altägyptischer Name bezeichnenderweise Gematon («Aton ist gefunden») lautete. Außerdem ließ der Herrscher an schon bestehenden Tempeln Nubiens Erweiterungsbauten durchführen.

Auch in der Regierungszeit Echnatons kam es zu einem nubischen Stammesaufstand, der, wie man annimmt, vom Vizekönig Thutmosis niedergeschlagen wurde. Das Fragment einer Siegesstele[72], welche im Tempel von Buhen (nahe dem zweiten Katarakt) verbaut war, konnte vor kurzem veröffentlicht werden; nach der üblichen Einleitung, welche die Namen des Herrschers nennt, heißt es in diesem stark propagandistisch gefärbten Text:

Erschienen auf dem Thron seines Vaters Aton
wie Re am Himmel und auf Erden tagtäglich.
Seine Majestät war in Achetaton,
als man kam, um ihm zu melden:
Die Feinde vom Lande Akujati sinnen Aufruhr gegen Ägypten!
Sie sind [schon] zum Lande Nubien hinabgestiegen,
um ihnen den Lebensunterhalt wegzunehmen!
[...]
Da gab seine Majestät dem Königssohn von Kusch
und Vorsteher der südlichen Fremdländer Anweisung, ein Heer
　aufzustellen,
um die Feinde vom Fremdland Akujati niederzuwerfen,
Männer ebenso wie Frauen.
Man fand den Feind auf der östlichen Seite des Flusses
nördlich der «Steinbruchzisterne» [unbekannte Ortsangabe].
Es erbeutete sie der kraftvolle Arm des Herrschers in einem Augenblick,
und in der Wüste fand ein großes Gemetzel statt,
der Fliehende wurde niedergestreckt, als hätte er nie existiert.
Akujati war angeberisch in seinem Herzen,
aber der wilde Löwe, der Herrscher, er hat sie niedergestreckt
auf Befehl seines Vaters Aton, in Tapferkeit und Stärke.[73]

Es folgt dann auf der Stele eine Liste der Beute und ein Lobpreis des Vizekönigs Thutmosis an seinen Herrn und König Echnaton. Einige Sätze daraus lauten:

Die Furcht vor dir ist in ihren Herzen,
und es gibt keine Empörung in deiner Zeit.
Der dich angreift, wird nicht mehr sein.
Groß ist deine Macht gegen den, der dich angreift,
du vollkommener Gott, denn deine Stärke ist gewaltig.
Dein Kriegsruf ist wie die Flamme im Rücken jedes Fremdlandes,
und jedes Land ist in Ruhe.
Es kommen zu dir alle Fremdländer einmütig und eines Sinnes,
und sie entblößen tagtäglich ihr Land.[74]

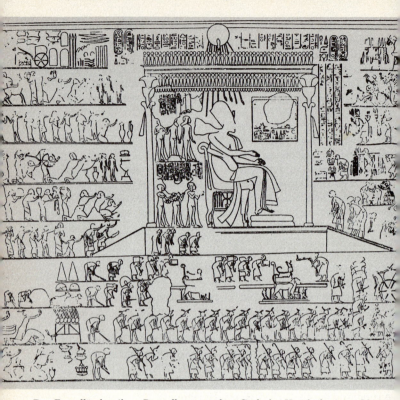

*Der Fremdländertribut. Darstellung aus dem Grab des Haushofmeisters Merire. Strichzeichnung nach N. de Garis Davies*

Sicherlich kann man Echnaton nach diesem Stelentext nicht als Kriegsherrn bezeichnen, andererseits aber war er auch kein Pazifist oder Phantast, der mit der großen Macht, die in seine Hände gelegt war, nicht umzugehen gewußt hätte. Echnaton hat zwar nachweisbar Ägypten nie verlassen, doch hat er immer über die Grenzen seines Landes hinausgesehen. Dabei war die Weltoffenheit keine Besonderheit Echnatons, sondern war allgemein typisch für die Zeit des Neuen Reiches, in der Ägypten zur Weltmacht aufgestiegen war. So sollte auch die Aton-Religion nicht auf das Nilland beschränkt bleiben, sondern war für alle Länder gedacht. In seinem Sonnengesang hat Echnaton nachdrücklich betont, daß Aton der Gott aller Menschen ist:

*Die Fremdländer von Syrien und Nubien,*
*[dazu] das Land Ägypten –*
*jedermann stellst du an seinen Platz und sorgst für seine Bedürfnisse,*

*ein jeder hat seine Nahrung, seine Lebenszeit ist bestimmt.*
*Die Zungen sind verschieden im Reden,*
*ebenso ihre Wesenszüge;*
*ihre Hautfarbe ist verschieden, [denn] du unterscheidest die Völker.*

Wenn Aton den Ägyptern als lebensspendende Quelle den Nil schenkte, der durch seine jährliche Überschwemmung Fruchtbarkeit und damit Nahrung brachte, so spendete er den Fremdvölkern *den Nil am Himmel*, also den Regen.

Das zwölfte Regierungsjahr brachte einen Höhepunkt in Echnatons Außenpolitik. In der Residenzstadt Achetaton trafen ausländische Gesandte ein, um dem König Handelsprodukte ihrer Länder als Tribut zu überbringen. Von diesem Ereignis besitzen wir Reliefdarstellungen in zwei Felsgräbern von Amarna: Das eine Grab gehörte dem Haushofmeister der Königinmutter Teje, Huja, das andere dem Haushofmeister der Königin Nofretete, Merire (nicht zu verwechseln mit dem gleichnamigen Hohenpriester des Aton!). Nach den eindrücklichen Bildern können wir uns den farbenprächtigen Festtag gut vorstellen, der im zwölften Regierungsjahr, im zweiten Monat der Winterjahreszeit, am Tag 8 stattfand. Der Empfang der ausländischen Delegationen wurde in einem Pavillon abgehalten, der in die nördliche Umfassungsmauer des großen Atontempels eingebaut war. Echnaton und Nofretete thronten unter einem Baldachin, hinter den königlichen Eltern hatten die sechs Prinzessinnen Aufstellung genommen. Hohe Beamte des Staates stellten dem Herrscherpaar die einzelnen Abordnungen der Länder vor, welche sich in ehrfürchtiger Haltung näherten. Zur Feier des Tages wurden auch Kampfspiele abgehalten. Im Grab des Huja befindet sich folgende knappe Beschreibung des Festes:

«Es erschien der König von Ober- und Unterägypten, Nefercheprure, der Einzige des Re, und die große königliche Gemahlin Neferneferure Nofretete, sie lebe auf immer und ewig, auf dem großen Tragsessel aus Elektron, um die Gaben von Syrien und Kusch, vom Westen und Osten zu empfangen. Alle Fremdländer waren zugleich versammelt. [Auch] die Inseln des Mittelmeeres brachten Abgaben dem König auf dem großen Thron von Achetaton, damit ihnen für das Entgegenehmen des Tributs der Lebenshauch gegeben werde.»[75]

Sind wir über die außenpolitischen Vorgänge der Ära Amenophis' IV. Echnaton wenigstens einigermaßen unterrichtet, so wissen wir leider verhältnismäßig wenig über Verwaltungsvorgänge aus seiner Zeit. Auf Grund der regen Bautätigkeit aber können wir gewisse Rückschlüsse ziehen: Neben den schon weiter oben erwähnten Bauten des Königs in Theben und Nubien waren Gründung und Aufbau der neuen Residenzstadt Achetaton in relativ kurzer Zeit eine innenpolitische Leistung ersten Ranges. Eine so gewaltige Aufgabe hätte kaum bewältigt werden kön-

*Eine libysche Gesandtschaft (links) wird von einem sich bückenden ägyptischen Hofbeamten dem König vorgestellt. Relieffragment aus Hermopolis. Kestner-Museum Hannover*

nen, wenn nicht die Verwaltung des Landes und damit auch die wirtschaftliche Versorgung intakt gewesen wären. So bestand für Echnaton ein glücklicher Umstand auch darin, daß er bei seinem Regierungsantritt ein intaktes und blühendes Staatswesen vorgefunden hatte, das durch die offensive Eroberungspolitik und das diplomatische Geschick seiner Vorgänger entstanden war. Beute aus den Feldzügen, Tribute und Kriegsgefangene, die als billige Arbeitskräfte in das Land kamen, eingeführte Rohmaterialien sowie eine Verbesserung der Arbeits- und Transportmittel hatten nicht nur zu einer spürbaren Verbesserung des Lebensstandards der Gesamtbevölkerung beigetragen, sondern auch einen wirtschaftlichen Aufschwung in Ägypten herbeigeführt, wie es ihn nie zuvor im Nilland gegeben hatte.

Die Bautätigkeit Echnatons ist überall im Lande nachweisbar. Einen besonderen Schwerpunkt bildete die Stadt Heliopolis, das alte Heiligtum des Sonnengottes. Echnaton ließ dort einen Atontempel errichten, dem er den Namen «Der Re erhebt in Heliopolis»[76] gab. In der bedeutenden Stadt Memphis, welche seit dem Beginn des Neuen Reiches Hauptgarnison des Landes war, sind Spuren eines Atonheiligtums nachgewiesen worden.[77] Nicht nur in Unterägypten, auch in Oberägypten wurden für den Gott neue Tempel errichtet, so zum Beispiel in Medum, in Medinet Gurob, in Antinoë, in Assiut und in Armant, ganz nahe bei Theben.[78]

Nur wenige Jahre nach Echnatons Tod ließ der junge König Tutanchamun (1332–23/22 v. Chr.) einen Stelentext edieren, in welchem auf Zustände im Lande unter Echnatons Herrschaft Bezug genommen wird. Man hat den Text also in einer Zeit abgefaßt, als die alten Götter wieder in ihre Rechte eingesetzt worden waren, andererseits aber das Andenken Echnatons noch nicht verfolgt wurde; wir lesen:

> Denn da seine Majestät [Tutanchamun] als König erschien,
> da waren die Tempel der Götter und Göttinnen
> von Elephantine bis hin zu den Lagunen des Deltas
> [...] im Begriff, vergessen zu werden,
> und ihre heiligen Stätten im Zustande des Untergangs
> zu Schutthügeln geworden, die mit Unkraut bewachsen sind,
> ihre Gotteshäuser waren wie etwas, das es nicht gibt,
> und ihre Tempel waren ein Fußweg.
> Das Land machte eine Krankheit durch,
> die Götter, sie kümmerten sich nicht um dieses Land.[79]

Dieser Quellentext wurde oft als Beleg dafür angesehen, daß die innenpolitischen Zustände der Zeit Echnatons katastrophal gewesen seien. Man muß dagegen aber einwenden, daß die stark tendenziösen Sätze wohl kaum die tatsächliche Lage des Landes wiedergeben. Ausschließlich ist von den alten Göttern die Rede, die sich deshalb von Ägypten abgewandt hätten, weil ihre Tempel verfallen (sprich: geschlossen) waren, nicht jedoch davon, daß eine wirtschaftliche Notlage oder eine unfähige Verwaltung das Land ruiniert hätten. Im Gegenteil, auf Grund der immensen Bauleistungen dieser Epoche darf man mit Recht annehmen, daß die neuen Männer, die Echnaton an die Spitze der Verwaltung berufen hatte, ihren Aufgaben durchaus gerecht geworden sind und mit den Beamten, welche die Säuberungsaktion des Königs überstanden hatten, gut zusammengearbeitet haben.

# Die letzten Jahre des Königs

Ab dem zwölften Regierungsjahr besitzen wir keine offiziellen Daten aus der Regierungszeit König Echnatons mehr; die wenigen Fakten, die uns noch überliefert sind, stammen meist aus dem familiären Bereich, doch auch hier sind die Nachrichten spärlich.

Nofretete hat ihrem Gemahl sechs Töchter, aber keinen Sohn geboren. Eine Nebenfrau Echnatons, welche Kija hieß, scheint ebenfalls Mutter einer Tochter gewesen zu sein, deren Name aber nicht überliefert ist. Die Dame Kija trug die offiziellen Titel «Ehefrau und große Geliebte des Königs» und «Hohe Frau». Da zahlreiche Fundstücke mit ihrem Namen im Palast von Maru-Aton, im Süden der Hauptstadt, gefunden wurden, hat sie wohl dort residiert. Auch eine eigene Sonnenschattenkapelle besaß sie, die aber noch während der Regierung Echnatons von der ältesten Tochter des Herrschers, Meritaton, übernommen wurde. Dies läßt darauf

*Echnaton und Nofretete am Sterbebett ihrer Tochter Maketaton. Zeichnung nach einer Szene aus dem Königsgrab von Amarna*

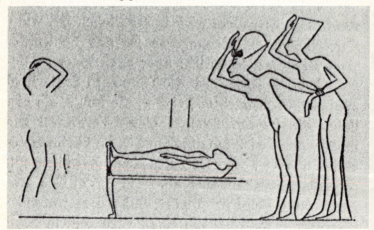

*Echnaton, Nofretete und Teje Wein trinkend. Strichzeichnung nach einem Relief im Grab des Huja von N. de Garis Davies*

schließen, daß Kija vielleicht in den letzten Jahren des Königs in Ungnade gefallen oder gestorben war.[80]

Wohl im dreizehnten Regierungsjahr wurde die Herrscherfamilie von einem Trauerfall heimgesucht: Die zweitälteste Tochter, Maketaton, starb und wurde im königlichen Familiengrab von Amarna beigesetzt. Die Reliefs der für sie bestimmten Grabkammern zeigen uns Echnaton und Nofretete klagend am Totenbett ihrer Tochter. Auch außerhalb des Schlafgemachs sieht man Männer und Frauen, die durch lebhafte Gebärden ihre Trauer kundtun. In einer der Szenen trägt dabei eine Amme (?) einen Säugling aus dem Sterbezimmer; sie wird von einer Dienerin begleitet, die einen Palmwedel hält, womit wohl der Rang des Kindes unterstrichen wird. Man darf vermuten, daß Maketaton vielleicht im Kindbett starb. Wenn dies zutrifft, dann kann wahrscheinlich nur Echnaton der Vater des Kindes gewesen sein.[81] Von seiner ältesten Tochter, Meritaton, und auch von seiner dritten Tochter, Anchesenpaaton, wissen wir nämlich, daß der Herrscher sie geheiratet und zu Königinnen erhoben hatte. Der Vorgang der Tochterehe war nicht ungewöhnlich, denn schon Amenophis III. hatte zwei seiner Töchter geheiratet. Echnaton folgte hier lediglich dem Beispiel seines Vaters.

Von einem anderen Familienereignis, das nach dem zwölften Regierungsjahr stattfand, berichtet uns die Grabdekoration des Haushofmei-

*Echnaton thronend. Statue aus gelbem Steatit. Louvre Paris*

sters der Königinmutter Teje, Huja. Auf einem der Reliefbilder wird ein Staatsbankett zu Ehren der Teje geschildert, welche zusammen mit ihrer jüngsten Tochter, Baketaton, vielleicht von ihrem Witwensitz im nördlichen Teil des Landes nach Achetaton kam. Man sieht auf der linken Seite des Bildes die Königin Teje sitzen, während in kleinem Maßstab dargestellt ihre Tochter Baketaton neben ihrem Stuhl steht. Im Zentrum thront Echnaton, seiner Mutter zugewandt, und auf der rechten Seite mit gleicher Blickrichtung ist die Königin Nofretete wiedergegeben. Zwei Töchter des Herrscherpaares sind vor bzw. neben dem Stuhl der Mutter abgebildet. Teje, Echnaton und Nofretete sind gerade im Begriff, aus Bechern Wein zu trinken. Huja, der Grabherr, ist als Winzling vor seinem König in tiefer Verbeugung zu sehen. Ob die Königinmutter Teje und ihre Tochter Baketaton nur zur Visite in die Residenzstadt kamen, oder ob sie von nun an für dauernd in Achetaton wohnten, kann aus diesem Bild nicht abgelesen werden. Für die letzte Annahme spricht allerdings die Tatsache, daß Teje ihre eigene Sonnenschattenkapelle in der Hauptstadt erhielt. Ein Reliefbild – ebenfalls im Grab des Huja – zeigt Echnaton, wie er seine Mutter an der Hand durch den äußeren Pylon dieser Tempelkapelle führt; hinter ihnen schreitet Baketaton mit einem Blumenstrauß in der Hand.[82]

In den zur Verfügung stehenden Quellen erscheint nach dem dreizehnten Regierungsjahr der Name der Königin Nofretete nicht mehr. Dies ist gewiß sonderbar, denn keiner großen Königsgemahlin in Ägypten war je eine bedeutendere Machtposition zugefallen als Nofretete. Sie war an allen staatlichen und religiösen Akten des Königs beteiligt. So erscheint sie auf Reliefs in Szenen, die sonst ausschließlich dem Pharao zustanden, etwa auf dem Streitwagen oder bei der Verleihung des Ehrengoldes. Ganz außergewöhnlich ist die Darstellung auf einem Reliefblock im Museum of Fine Arts in Boston, welcher Nofretete als Kriegerin beim «Erschlagen der Feinde» zeigt.[83] Bei diesem Bildtypus, der seit der ägyptischen Frühgeschichte belegt ist, erscheinen sonst grundsätzlich nur der regierende König oder Götter. In Schrittstellung ist der König oder der Gott mit erhobener Keule oder Sichelschwert in dem Augenblick wiedergegeben, bevor er die Feinde, die er mit der Hand an den Haaren gepackt hält, niederschlägt. Der Bildtypus vom «Erschlagen der Feinde» ging dabei weit über den rein politischen Bereich hinaus und hatte eine übertragene Bedeutung: Die chaotischen Mächte sollten ferngehalten oder vernichtet werden, um die Ordnung der Welt zu gewährleisten.[84] Keine Darstellung zeigt deshalb die Machtfülle, ja eine göttliche Überhöhung der Nofretete deutlicher als jener Reliefblock in Boston. Ein Beleg allerdings für die offizielle Beteiligung an der Regierungsgewalt ihres Gatten, etwa in Form einer Mitregentschaft, ist dies nicht, denn schon die Königin Teje hat am Hof Amenophis' III. eine ähnliche, wenn auch nicht so ausgeprägte Sonderstellung innegehabt, ohne den Anspruch auf die Mitregentschaft zu irgendeiner Zeit zu besitzen. Daß Nofretete den Status ihres Gemahls nicht erreichte, macht schon die Tatsache deutlich, daß der König im Gegensatz zu ihr eine eigene Priesterschaft hatte.

Wie erklärt man sich nun das Verschwinden der Königin nach dem dreizehnten Regierungsjahr? Man hat daraus die verschiedensten Schlüsse gezogen, so zum Beispiel den naheliegendsten, daß Nofretete in dieser Zeit gestorben sei. Dagegen spricht jedoch, daß ihr Begräbnis im königlichen Familiengrab von Amarna nicht nachzuweisen ist. Echnaton hatte aber klar auf den Grenzstelen verfügt:

> *Wenn die große königliche Gemahlin Nofretete, sie lebe,*
> *in Millionen von Jahren stirbt an irgendeinem Ort,*
> *sei er nördlich, sei er südlich, sei er westlich*
> *oder wo die Sonne aufgeht,*
> *dann soll man sie holen,*
> *damit ihr Begräbnis in Achetaton gemacht werden kann.*

Nach diesem königlichen Gebot scheint es ausgeschlossen, daß Nofretete, wenn sie tatsächlich gestorben wäre, woanders als im Familiengrab von Amarna hätte bestattet werden können.

Eine weitere Vermutung geht dahin, daß Echnaton seine Gemahlin verstoßen habe und daß sie dann im Nordpalast ein zurückgezogenes Leben geführt habe. Als Hinweis für diese Annahme läßt sich eine 65 Zentimeter hohe gelbe Steatitstatue im Louvre anführen[85], welche Echnaton auf einem gepolsterten Thron sitzend darstellt. Ursprünglich saß neben ihm seine große königliche Gemahlin Nofretete, von deren Körper noch der linke Arm erhalten ist, wie er die Taille Echnatons umfaßt. Da die Figur der Königin von den Bildhauern abgearbeitet wurde[86], möchte man darin einen Auftrag des Herrschers erkennen, der kein Bildnis mehr von Nofretete duldete. Man kann aber natürlich auch eine ganz andere Erklärung für die Abarbeitung finden: Vielleicht war bei der Herstellung der Statuengruppe ein Bruch im Stein aufgetreten. Die Bildhauer waren in einem solchen Fall gezwungen, entweder die ganze Arbeit aufzugeben oder das ursprüngliche Konzept einer Doppelstatue dahingehend abzuändern, daß sie jetzt eine Einzelstatue herstellten. Wie dem auch immer sei, das Schicksal von Nofretete bleibt für uns ungewiß.

Auch aus den letzten Regierungsjahren Echnatons gibt es nur wenige Fakten. In den königlichen Inschriften sowie in den Darstellungen tritt nach dem dreizehnten Regierungsjahr als Königin die älteste Tochter Echnatons, Meritaton, in den Vordergrund und scheint die Rolle einzunehmen, die Nofretete innegehabt hatte. Als ältester Königstochter gebührte ihr selbstverständlich der erste Rang vor der ebenfalls mit Echnaton verheirateten Anchesenpaaton. Aus beiden Ehen gingen übrigens

*Fragment einer Totenfigur, vermutlich aus der Grabausrüstung Echnatons. Quarzit.
Privatbesitz*

Kinder hervor, deren Namen uns als Meritaton die Jüngere und Anchesenpaaton die Jüngere überliefert sind.

Das sechzehnte Regierungsjahr brachte für Ägypten eine angespannte außenpolitische Lage. In dieser Zeit wechselten bekanntlich Aitakama von Kadesch und Aziru von Amurru ins hethitische Lager (s. «Außenpolitik und Verwaltung»: S. 100f). Eine militärische Strafaktion gegen Aitakama wurde vom Hethiterkönig Suppiluliuma I. abgewehrt, der nun seinerseits die Feindseligkeiten gegen Ägypten eröffnete. Im Sommer seines siebzehnten Regierungsjahres, fast gleichzeitig mit der Verschlechterung der Lage in Vorderasien, starb Echnaton und wurde, nach seiner – leider sehr zerstörten – Grabausstattung zu schließen, im königlichen Felsgrab von Amarna beigesetzt.

# Die Erben des Reiches

Der Tod des Herrschers stellte Ägypten vor schwerste Probleme. Eine Nachfolge hatte Echnaton nicht aufgebaut, und auch direkte männliche Nachkommen, die den Thron hätten beanspruchen können, waren nicht vorhanden. Aus inschriftlichen Überlieferungen wissen wir, daß ein junger Verwandter Echnatons – wahrscheinlich war er mütterlicherseits ein Enkel Amenophis' III. – namens Semenchkare König von Ägypten wurde und den Thronnamen Anchcheprure trug. Bisher hat man immer angenommen, daß Semenchkare Mitregent in Echnatons letzten Regierungsjahren war und daß beide fast zur gleichen Zeit den Tod gefunden hätten. Die Fakten aber, die diese Mitregentschaft belegen sollten, müssen nach den jüngsten Forschungsergebnissen eine neue Deutung erfahren, und man kann aus ihnen heute nur den Schluß ziehen, daß die Regierungszeit des Semenchkare nicht mit der Echnatons parallel verlief, sondern erst nach dem Tode des Reformators anzusetzen ist.[87] Dieser Befund wird noch durch die Tatsache unterstützt, daß Semenchkare, der einer Seitenlinie des Königshauses entstammte und nicht thronberechtigt war, nur dadurch König werden konnte, daß er die älteste Prinzessin, Meritaton heiratete.

Bevor man die Abfolge der Ereignisse nach dem Tode Echnatons rekonstruieren kann, ist es unbedingt notwendig, auf das uns überlieferte Material näher einzugehen.

Aus hethitischer Quelle kennen wir einen Brief, den eine leider nicht namentlich aufgeführte ägyptische Königinwitwe an den hethitischen Herrscher Suppiluliuma I. geschrieben hat. Darin heißt es: «Mein Gemahl [der als Nipchururia in dem in Keilschrift abgefaßten Text erscheint] ist tot, und ich habe keinen Sohn. Aber man sagt mir, daß du viele Söhne hast. Wenn du mir einen deiner Söhne schickst, könnte er mein Gemahl werden. Ich bin nicht geneigt, einen Diener von mir zu nehmen und ihn zu meinem Gatten zu machen.»[88] König Suppiluliuma I. ging, nach einigen Erkundigungen seinerseits und einem weiteren Brief der ägyptischen Königin, auf den Wunsch ein und sandte seinen Sohn Zannanza nach Ägypten, welcher aber auf dem Weg dorthin einem Mordanschlag zum Opfer fiel. Dieser Mord an seinem Sohn war für Suppiluliuma I. das Signal, seine ganze Militärmaschinerie gegen Ägypten in Gang zu setzen. Die kriegerischen Auseinandersetzungen, die daraus folgten, trafen nicht nur das Mitanni-Reich entscheidend, sondern brachten schließlich auch Ägypten um die Vorherrschaft in Asien.

Welche der Frauen am ägyptischen Hof könnte nun diese Witwe gewesen sein, die den Brief an Suppiluliuma I. geschrieben hat? Geht man vom Namen ihres Gatten, Nipchururia, aus, so kämen aus sprachwissenschaftlicher Sicht sowohl der Thronname Echnatons als auch der von König Tutanchamun in Frage. In der Regel haben bisher die Historiker den Namen auf Tutanchamun bezogen und den Brief in die Zeit nach dem Tode dieses Herrschers datiert. Den Grund dafür liefert das Schreiben selbst: Die Königin spricht in dem Brief davon, daß sie keinen ihrer Diener heiraten wolle, also eine Verbindung mit einem ehemaligen Untertanen für sie nicht in Frage komme. Mit Tutanchamun starb aber die 18. Dynastie eigentlich aus. Sein Nachfolger, der greise Eje, war kein Abkömmling dieses Herrscherhauses mehr, sondern ein Würdenträger, der Stufe um Stufe in der Hierarchie des Staates emporgestiegen war. Die Ermordung des hethitischen Prinzen könnte dahingehend gedeutet werden, daß der mächtige Eje sich nicht kurz vor dem Ziel, den ägyptischen Thron zu besteigen, von einem ausländischen Königssohn beiseite schieben lassen wollte.

Gegen die Datierung des Königinnen-Schreibens in die Zeit nach Tutanchamun gibt es allerdings schwerwiegende Einwände. Direkt nach dem Tode des noch jungen Königs wurde im Tal der Könige in Theben-West ein schon bestehendes Prinzengrab sehr rasch in ein Königsgrab verwandelt, indem man es mit Malereien dekorierte. Es war nämlich Gesetz, daß ausschließlich Könige ein dekoriertes Grab dort besitzen durften, und alle anderen Personen sich mit einem ungeschmückten begnügen mußten.[89] Auf dieser Malerei, die vermutlich innerhalb von drei Monaten erstellt wurde – in jener Frist also, die zwischen Tod und Grablegung für die Mumifizierung der Leiche Tutanchamuns benötigt wurde –, erscheint bereits Eje im Königsornat, wie er an der Mumie seines Vorgängers das Begräbniszeremoniell vollzieht. Somit kann für eine doch langwierige Korrespondenz der Witwe Tutanchamuns mit einem ausländischen Hof keine Zeit gewesen sein, weil ja der Thronfolger schon feststand.

Eine andere Datierung erwägen deshalb sowohl Donald B. Redford[90] als auch Rolf Krauss[91]: Sie setzen beide den Brief bereits in die Zeit nach Echnatons Tod. Während Donald B. Redford annimmt, daß Nofretete an den Hethiter-König geschrieben habe, hält Rolf Krauss Meritaton für die Verfasserin des Schreibens. Dabei scheidet Nofretete nicht nur aus Gründen des Alters als Briefschreiberin aus, sondern auch aus rechtlichen: Sie konnte über den Thron Ägyptens nicht verfügen, denn damit wären die Töchter des verstorbenen Pharao übergangen worden.[92] Die Zeit für eine Korrespondenz mit einem ausländischen Hof kann es nach dem Tode Echnatons nur dadurch gegeben haben, daß Meritaton zunächst allein

*Semenchkare und Meritaton beim Spaziergang. Bemaltes Kalksteinrelief.
Ägyptisches Museum Berlin (West)*

regierte. Als älteste der Prinzessinnen und als Königinwitwe hatte sie dafür die ausreichende Legitimation. Ein Hinweis auf eine solche Alleinherrschaft ergibt sich aus einer Geschichte Ägyptens, die der ägyptische Priester Manetho[93], der um 300 vor Christus lebte, verfaßt hat, die uns aber nur in teilweise verderbten Abschriften späterer Zeiten erhalten blieb. Aus diesen Abschriften kann man entnehmen, daß Amenophis III. und Echnaton in der Königsfolge der 18. Dynastie die Plätze neun und zehn einnehmen. Auf dem folgenden Platz wird bei Manetho eine Königin aufgeführt, von der nur der Thronname erhalten ist, welcher vielleicht als Anchcheprure gedeutet werden kann. Auf dem zwölften Platz erscheint dann ein König mit dem gleichen Namen. Mit diesem König kann nur Semenchkare gemeint sein, der auf zeitgenössischen Denkmälern diesen Thronnamen führt. Folgt man Manetho, so ergibt sich, daß nach dem Tode Echnatons eine Königin Anchcheprure kurze Zeit allein regierte und dann von einem König mit dem gleichen Thronnamen abgelöst wurde. Rolf Krauss konnte kürzlich auch inschriftliches Material für eine Frau mit dem Thronnamen Anchcheprure vorlegen und so die Richtigkeit der Manetho-Abschriften bestätigen.[94] Die Rolle als regierende Königin konnte doch nur Meritaton zugefallen sein, die somit nach dem Tode ihres Vaters und Ehemannes Echnaton den Thron bestieg und eine eigene Königstitulatur mit dem Thronnamen Anchcheprure annahm. So war es wohl sie, die mit einem Schlag die außenpolitisch, aber auch innenpolitisch schwierige Situation dadurch lösen wollte, daß sie sich mit dem Großreich der Hethiter durch eine dynastische Heirat verband. Ein hethitischer Königssohn auf dem Thron Ägyptens hätte nicht nur die vorderasiatischen Provinzen gesichert, sondern auch die Stabilität nach innen gewährleistet. Nachdem die Heiratspläne mit dem Prinzen Zannanza gescheitert waren, und sich durch den Mord die außenpolitische Lage zugespitzt hatte, hat Meritaton die Ehe mit Semenchkare geschlossen, welcher dann den Thronnamen seiner Königin in die eigene Titulatur übernahm. Die Thronbesteigung des Semenchkare ist vielleicht etwa ein Jahr nach Echnatons Tod anzusetzen. Der neue König, der nicht belastet war durch Echnatons Reformwerk, verfolgte eine Politik der Aussöhnung mit dem alten Reichsgott Amun und errichtete in Theben einen Totentempel, der Amun geweiht war. Für eine gewisse Zeit wurden jetzt Aton und Amun gleichberechtigte Götter. Semenchkare war nur eine kurze Herrschaft beschieden (1335–32 v. Chr.); bezeugt sind Denkmäler bis zu seinem dritten Regierungsjahr. Königin Meritaton scheint noch vor ihm den Tod gefunden zu haben, denn schon während der Regierung von Semenchkare trat eine weitere Tochter Echnatons, Anchesenpaaton, hervor.

Nachfolger auf dem königlichen Thron wurde der erst sieben bis zehn Jahre alte Tutanchaton («Lebendiges Bild des Aton»), der sich später Tutanchamun («Lebendiges Bild des Amun») nannte (1332–23 v. Chr.). Aus der Zeit vor seiner Thronbesteigung gibt es nur ein einziges Zeugnis seines Namens auf einem Steinblock, der aus Achetaton stammt, später aber in Hermopolis verbaut wurde; er wird dort als «leiblicher Sohn des Königs» bezeichnet.[95] Leider kann aus diesem mehrdeutigen Prinzentitel lediglich geschlossen werden, daß Tutanchaton zur königlichen Familie gehörte, nicht aber, daß sein Vater König war. Am wahrscheinlichsten ist die Annahme, daß Semenchkare und Tutanchaton Brüder waren; durch den glücklichen Umstand, daß beide Königsmumien erhalten geblieben sind, konnten medizinische Untersuchungen feststellen, daß beide Herrscher nicht nur die gleiche Blutgruppe, sondern auch eine sehr ähnliche Schädelform hatten.[96] Folglich konnte auch er den Thron Ägyptens nur besteigen, weil er die dritte Tochter Echnatons, Anchesenpaaton, heiratete.

In der Namenstitulatur, die der junge Tutanchaton für sich wählte, wird das Regierungsprogramm deutlich betont[97]: Man verfolgte jetzt eine Politik der vorsichtigen Restauration, ein Nebeneinander der alten Götter mit Aton, welcher aber immer noch eine führende Rolle spielte. Zentrum des Landes blieb zunächst weiter Amarna, wo auch Tutanchaton mit seiner großen königlichen Gemahlin Anchesenpaaton residierte.

Im zweiten oder dritten Regierungsjahr nahm der König – noch in Achetaton – eine Änderung seines Namens vor und zwar dergestalt, daß sein Geburtsname von jetzt ab Tutanchamun lautete. Ebenso nannte seine Königin sich nicht mehr Anchesenpaaton, sondern Anchesenamun, das heißt, der Gottesname des Aton wurde auch aus ihrem Namen entfernt und durch den des Amun ersetzt. Kurze Zeit später verließ der junge Herrscher die Residenzstadt von Amarna und zog mit seinem Hof nach Memphis. Die Häuser von Achetaton, die erst wenige Jahre zuvor erbaut worden waren, wurden versiegelt, die angelegten Felsgräber blieben unbelegt.

Die Aufgabe der Stadt, die nur für ganz kurze Zeit das Zentrum Ägyptens gewesen war, erfolgte sicherlich nicht nur aus religiösen Gründen, sondern vor allem aus politischen Gegebenheiten. Schon die Wahl von Memphis als neue Hauptstadt zeigt, daß von einem Druck der Amunpriesterschaft auf den König nicht gesprochen werden kann, denn dann wäre wohl wieder Theben, die Hochburg des Amunkultes, als Residenzstadt gewählt worden. Memphis dagegen, geographisch günstig zwischen Ober- und Unterägypten gelegen, war seit dem Neuen Reich ein Zentrum des Militärs. Vermutlich war der Residenzwechsel auch ein Ausdruck der schwieriger gewordenen außenpolitischen Lage. Im Palast Thutmosis' I. in Memphis erließ der König jenes Dekret, dessen Text uns auf der sogenannten Restaurationsstele erhalten ist: Darin wird die jüngste Vergangenheit als eine Zeit der Krankheit für das Land bezeichnet.[98] Die zuvor verbannten Götter werden wieder in ihre alten Rechte eingesetzt, doch wird der Gott Aton einstweilen nicht angetastet. Trotzdem hatte Echnatons Reformation, die so sehr an seine Person gebunden war, keine Überlebenschance.

Unter dem minderjährigen Tutanchaton bestimmten vorwiegend zwei Männer die Richtlinien der Politik, nämlich Eje und Haremhab, welche ihm dann auch als letzte Könige der 18. Dynastie auf dem Pharaonenthron folgten. Der ältere Eje, der schon unter Echnaton eine führende Rolle gespielt hatte, trug jetzt neben dem ursprünglichen, bedeutenden

# Genealogie von Thutmosis IV. Haremhab

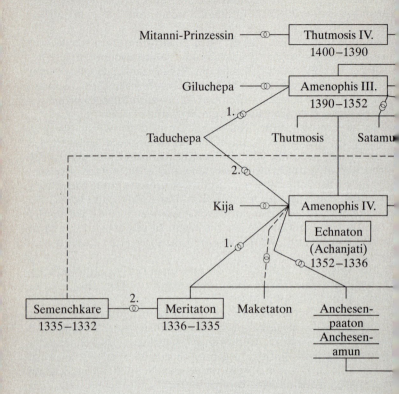

Legende:
| Könige |
große Königsgemahlinnen

———————— gesicherte Verbindungen
— — — — — nicht gesicherte Verbindungen

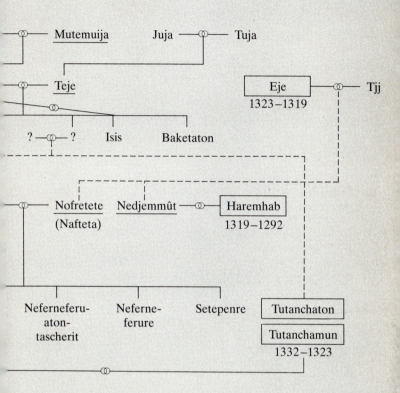

*Statue des sitzenden Generals Haremhab. Grauer Granit. Metropolitan Museum of Fine Arts New York. Nach E. Bille-De Mot: «Die Revolution des Pharao Echnaton», München 1965*

Titel «Gottesvater» die Titel «Vezir», «Wedelträger zur Rechten des Königs» und «Festleiter der Neunheit». Er scheint auf Grund seiner langjährigen Verwaltungspraxis und seiner Beziehung zum Königshaus die eigentliche Regentschaft in Händen gehalten zu haben, mußte aber seine Macht doch mit dem viel jüngeren Generalissimus und «Stellvertreter des Königs an der Spitze der Länder», Haremhab, teilen. Dieser Haremhab hatte noch keine wichtige Beamtenposition unter Echnaton innegehabt;

seine Herkunft und der Weg seines Aufstiegs zu dieser führenden Stellung im Staat kennen wir nicht.[99] Das Verhältnis der beiden Männer zueinander ist schwer zu beurteilen; es spricht eigentlich nichts dafür, daß sie sich gegenseitig bekämpft hätten, sondern sie scheinen ihre politischen Ziele eher gemeinsam in gegenseitiger Abstimmung verfolgt zu haben. Wenn der hochbetagte Eje der direkte Nachfolger Tutanchamuns auf dem Thron werden konnte, dann wohl nur mit Billigung und Unterstützung des Haremhab.

Die wichtigste innenpolitische Entscheidung, die Eje und Haremhab für den minderjährigen König trafen, war zweifellos die Einleitung einer gemäßigten Restauration und die Aufgabe der Residenzstadt Achetaton zugunsten von Memphis. Die alten Götter des Landes herrschten wieder; überall in Ägypten, auch bis nach Nubien hinein, wurde ihnen eine rege Bautätigkeit gewidmet.

Außenpolitisch war Haremhab als Oberbefehlshaber der Armee für die Sicherheit der ägyptischen Grenzen verantwortlich. Er versuchte, durch militärische Aktionen gegen die vordringenden Hethiter wenigstens einen Rest der einstigen Vorherrschaft in Vorderasien für Ägypten zu bewahren. In Nubien leitete er vielleicht einen kleinen Feldzug. Beiden Regenten, Eje wie Haremhab, standen zahlreiche fähige Beamte zur Seite, doch ist die Feststellung interessant, daß von den führenden Männern Echnatons nur wenige in Amt und Würden geblieben waren. Bemerkenswerterweise liegen die Gräber der führenden Beamten dieser Zeit mehrheitlich in Memphis; nur wenige bevorzugten die thebanische Nekropole. Auch der Generalissimus Haremhab baute sich sein Grab in Memphis. Leider wurde es im vorigen Jahrhundert geplündert, galt dann als verschollen und wurde erst vor wenigen Jahren durch eine englisch-niederländische Expedition wiederentdeckt.

Tutanchamun verstarb bereits in seinem zehnten Regierungsjahr, im Alter von ungefähr achtzehn Jahren. Da er kinderlos blieb, erlosch mit seinem Tod das bedeutende Herrscherhaus der 18. Dynastie. Über die Todesursache, die den König in so jungen Jahren dahinraffte, läßt sich nichts Bestimmtes aussagen, doch vermutet man auf Grund einer an seiner Mumie festgestellten Schädelverletzung einen gewaltsamen Tod, etwa einen Mord oder einen Unfall. (Die Wiederentdeckung des Tutanchamun-Grabes im Tal der Könige mit seinem vollständigen Grabschatz durch den Engländer Howard Carter im Jahre 1922 bedeutete die größte archäologische Sensation unseres Jahrhunderts.) Nachdem Tutanchamun gestorben war, verschwand wenige Jahre später der Gott Aton für immer aus der Reihe der ägyptischen Götter. Die letzten Könige der 18. Dynastie, Eje (1323–19 v. Chr.) und Haremhab (1319–1293 v. Chr.), bemühten sich zunächst, einen Weg des Ausgleichs zwischen Tradition und Revolution zu beschreiten, einen Weg, den sie schon in ihrer Eigenschaft als Regenten für Tutanchamun eingeschlagen hatten. Dabei war es niemals das Ziel ihrer Politik, den Zustand, der vor der Thronbesteigung Echnatons bestanden hatte, wiederherzustellen. Erst König Sethos I., der zweite Herrscher der 19. Dynastie, führte kurz nach Haremhabs Tod die gewaltsame Restauration herbei: Er gab die Amarna-Könige, zu denen jetzt auch Eje zählte, der allgemeinen Verfemung preis und ließ an den alten Denkmälern den getilgten Namen des Gottes Amun wiederherstellen. Die Religionsstiftung Echnatons wurde zum Beispiel eines Frevels sondergleichen. In einem Hymnus an den Gott Amun wird auf den Ketzerkönig Bezug genommen, wenn es heißt:

Die Sonne dessen, der dich verkennt, ist untergegangen, Amun,
aber wer dich kennt, sagt: Sie ist aufgegangen im Vorhof!
Wer dich angreift, ist im Dunkel,
auch wenn das ganze Land in der Sonne liegt.[100]

Auch die Residenzstadt Echnatons, Achetaton, fiel der Zerstörung anheim. Doch obgleich man mit so viel Fanatismus versuchte, die revolutionären Jahre der Amarna-Zeit aus dem Gedächtnis der Menschen auszulöschen, so hatten sie doch ihre Spuren hinterlassen, die ihr Weiterwirken, vor allem auf dem Gebiet von Kunst und Theologie, nicht mehr verhindern konnten. So konnte der Gott Amun, der vor Echnaton unbestritten den ersten Platz unter den ägyptischen Göttern innegehabt hatte, seine einstmals dominierende Position nur bedingt wieder herstellen: In Zukunft mußte er seine mächtige Stellung mit den Göttern Re und Ptah teilen.[101] Sein Hauptkultort Theben wurde nicht wieder zur Residenzstadt des Landes. In den großen theologischen Dichtungen der Ramessiden-Zeit (19. und 20. Dynastie), dem «Höhlenbuch» und dem «Buch von der Erde», spielt die Sonnenscheibe, in deren Bild sich einst der Gott Aton manifestiert hatte, eine so beherrschende Rolle, wie sie sie in der Literatur vor der Amarna-Zeit niemals gehabt hatte.[102]

Einen großen Einfluß hatte die Reform Echnatons auch auf die Gestaltung des Königsgrabes der 19. und 20. Dynastie: Die Könige des Neuen Reiches vor Echnaton hatten ihre Felsgräber im Tal der Könige grundsätzlich in einer gebogenen oder rechtwinkligen Achse in die Tiefe der Erde hinabgeführt, wobei jeder König seine Anlage gegenüber der des Vorgängers erweiterte. Mit dieser Tradition hatte Echnaton vollständig gebrochen: Sein Felsgrab in Amarna hat bescheidene Ausmaße und eine gerade Achse, so daß die Sonnenstrahlen seines Gottes Aton es erhellen konnten. Gerade aber der Typus dieses Grabes war der Ausgangspunkt für die Entwicklung der gradachsigen, von der Sonne erhellten Königsgräber der späten Ramessiden-Zeit.[103]

Eine Neuerung Echnatons bestand auch darin, daß er die Umgangssprache des Neuen Reiches, jene Sprachstufe, die wir heute «Neuägyptisch» nennen, zur Schriftsprache erhob. Vor dieser Einführung hatte man sich beim Schreiben des klassischen, aber antiquierten «Mittelägyptischen» bedient, so daß zwischen gesprochenem und geschriebenem Wort eine große Kluft bestand. Gerade diese Neuerung brachte in der Folgezeit eine reichhaltige und blühende Literatur (Erzählungsliteratur) hervor.[104]

Ganz besonders nachdrücklich aber war der Einfluß Echnatons auch auf die bildende Kunst; in Relief und Plastik hat die Amarna-Kunst ihr Fortwirken in der Ramessiden-Zeit gefunden. Die neuen, vielschichtigen Ausdrucksmöglichkeiten, die durch die religiöse Revolution zum Durchbruch gekommen waren, gingen eine Verbindung mit den traditionellen, klassischen Formen ein und prägten so das ganze Kunstschaffen des späten Neuen Reiches.[105]

Obwohl wir kaum gesicherte Quellen haben, dürfen wir annehmen, daß Echnatons Reformbewegung darüber hinaus auch auf die Umwelt Ägyptens eingewirkt hat, wobei man immer wieder an direkten oder indirekten Einfluß auf den alttestamentlichen Monotheismus gedacht hat.[106]

# Anmerkungen

1. Amarna Probleme, Zeitschrift für ägyptische Sprache und Altertumskunde 85, 1960, S. 83–118
2. Belege gibt Wb IV, 244, 7
3. Diodori Siculi Bibliotheca Lib. I, 85
4. F. Vogelsang, Kommentar zu den Klagen des Bauern, Leipzig 1913, S. 133 (Untersuchungen zur Geschichte und Altertumskunde Ägyptens, Bd. 6, Nachdruck Hildesheim 1964)
5. RÄRG, 282
6. Zahmes Xenion Nr. 28 (1820)
7. Vgl. A. Hermann, Rilkes ägyptische Gesichte, Darmstadt 1966, und H. E. Holthusen, Rainer Maria Rilke, rororo bildmonographien 22, S. 112 ff
8. Urk. IV, 1828, 3–7
9. Urk. IV, 1741, 11–15
10. Der ägyptische Kalender besteht aus einem Jahr von 365 Tagen, eingeteilt in drei Jahreszeiten zu je vier Monaten mit je dreißig Tagen. An der Spitze des Jahres steht die Überschwemmungsjahreszeit (Periode der jährlichen Nilüberschwemmung). Dann folgt die Zeit der Aussaat (Winter) und den Beschluß bildet die Erntejahreszeit (Sommer).
11. Urk. IV, 1737, 12–16
12. Urk. IV, 1945, 17–1946, 1. Zitiert nach der Übersetzung von J. Assmann, Ägyptische Hymnen und Gebete, Zürich–München 1975, S. 211 (47–50)
13. Publiziert von W. C. Hayes, Journal of Near Eastern Studies 10, 1951, S. 159 mit Fig. 27, Typ KK
14. Quellentexte zur Titulatur des Königs bei der Thronbesteigung: Urk. IV, 1962, 8–11 (Stele von Gebel Silsileh) und 1964, 1–5 (Stele aus Zernik)
15. Das Alter des Königs bei der Thronbesteigung errechnet sich aus dem Sterbealter, das auf Grund medizinischer Untersuchungen der Mumie in einigen Publikationen mit 18 bis 20 Jahren angegeben wird. Zuletzt hat sich F. Leek, How old was Tutankhamun, Journal of Egyptian Archeology 63, 1977, S. 112–115, der Frage angenommen. Nach Leek könnte das Alter auch nur 16 oder 17 Jahre betragen haben. Mit der bekannten Regierungsdauer von knapp zehn Jahren ergibt sich dann etwa das Alter der Thronbesteigung.
16. City of Akhenaten, Bd. III, London 1951, S. 154–157
17. Mitteilungen des Instituts für Orientforschung 2, Berlin 1954, S. 196–202
18. Untersuchungen zur Chronologie und Geschichte des Neuen Reiches, Wiesbaden 1964, S. 71–78
19. L. Habachi, Annales du Service des Antiquités de l'Egypte 55, 1958, S. 348 mit Tafel XXII a

20 Bekanntlich hat sich Thomas Mann von dem Ägyptologen Wilhelm Spiegelberg (1870–1930) beraten lassen.
21 Thomas Mann, Joseph und seine Brüder (S. Fischer Sonderausgabe), Berlin 1981, S. 1050–1051
22 C. Aldred zeigt die Entwicklung des Re-Harachte-Aton in den ersten Regierungsjahren (Journal of Egyptian Archeology 45, London 1959, S. 22–24): 1. Re-Harachte mit Falkenkopf, 2. Früher lehrhafter Name ohne Königsring, 3. Lehrhafter Name mit Königsring, 4. Strahlenbild des Aton. Die Bedeutung des Gottes behandelt J. Assmann, LÄ I, Stichwort «Aton», Spalte 526–540
23 Urk. IV, 1781, 18–1782, 4
24 Urk. IV, 1996, 5–12
25 Urk. IV, 2003, 19–2004, 7
26 Urk. IV, 2012, 17–2013, 1
27 Sandman, Texts, 24, 2–5
28 Sandman, Texts, 60, 1–2
29 Sandman, Texts, 60, 4–5
30 Urk. IV, 1968, 3–17
31 Urk. IV, 1972, 4–1973, 7
32 Urk. IV, 1973, 11–20
33 Urk. IV, 1974, 3–19
34 Urk. IV, 1975, 2–6
35 Urk. IV, 1985, 11–14
36 Urk. IV, 1985, 16–1985, 11
37 Urk. IV, 1986, 13–1986, 17
38 Die Änderung der Titulatur des Königs erfolgte nicht vor der Mitte des 5. Regierungsjahres. In einem Brief aus Gurob (Sandman, Texts, 147, 10 – 148, 7), datiert am Tag 19, dritter Monat der Winterjahreszeit dieses Regierungsjahres, wird der Herrscher noch mit seinem alten Namen angesprochen. Die bald darauf errichteten Grenzstelen nennen dann die neue Titulatur (Urk. IV, 1981, 13–15).
39 Inventarnummer 2045
40 Der neue Name des Königs «Echnaton» wurde früher als «Glanz der Sonnenscheibe» oder «Geist des Aton» übersetzt. Heute haben sich die beiden angegebenen Varianten durchgesetzt.
41 N. de G. Davies. The Rock Tombs of El Amarna, Bd. III, S. 32
42 Der Stein von Rosette befindet sich heute im Britischen Museum. Die Geschichte der Entzifferung der Hieroglyphen ist oft behandelt worden. Vgl. z. B. W. Wolf, Funde in Ägypten, Göttingen 1966, S. 9–17.
43 Die Objekte des Königsgrabes sind publiziert bei: G. T. Martin, The Royal Tomb at El-Amarna. The Rock Tombs of El-Amarna, Part VII, I The Objects, London 1974
44 Vgl. J. J. Janssen, El-Amarna as a residental City, Bibliotheca Orientalis 40, 1983, S. 287
45 Inventarnummer 1893. 1–41
46 Eine Rekonstruktion des Gesamtbildes gibt N. de G. Davies, Mural Paintings in the City of Akhetaton, Journal of Egyptian Archeology 7, 1921, Tafel II
47 Inventarnummer 21 300
48 Inventarnummer 21 351
49 Inventarnummer 20 496

50 Gegen diese Annahme spricht allerdings die stilistische Nähe der Büste zu der gelben Steatitstatue Echnatons im Louvre (Inventarnummer N 831).
51 Das Gedicht ist unter dem Titel «Kopf Amenophis IV. in Berlin» erschienen (Rainer Maria Rilke, Werke, Frankfurt 1982², Bd. II, S. 237–238). Auf Grund der Prosanotizen des Dichters hat A. Hermann, Rilkes ägyptische Gesichte, Darmstadt 1966, S. 24, Anm. 46a, die Kalksteinbüste Inventarnummer 20496 im Ägyptischen Museum Berlin-Ost als Vorbild für das Gedicht identifiziert.
52 Das Motiv des Uroboros erscheint zuerst auf dem 2. Goldschrein Tutanchamuns. Dazu E. Hornung, Der Eine und die Vielen, Darmstadt 1973², S. 172 mit Anm. 125.
53 Sandman, Texts, 175, 6–7
54 Bulletin archéologique de l'Athénaeum français, S. 57
55 Z. B. G. Maspero, Geschichte der morgenländischen Völker im Altertum, Leipzig 1877, S. 211
56 Vgl. E. Lefébure, Proceedings of the Society of Biblical Archeology 13, 1890/91, S. 479–483
57 Echnaton, Gott und Pharao Ägyptens, Bergisch-Gladbach 1968, S. 146–147
58 M. Pillet, A propos d'Akhenaton, Revue d'Egyptologie (Cahier complément) 1950, S. 63–82
59 So wird z. B. Hapi als «Vater und Mutter der Götter und Menschen, Amme des ganzen Landes» bezeichnet, vgl. D. Kurth, LÄ IV, Stichwort «Nilgott», Spalte 485–489. Im Habitus eines Nilgottes mit weiblichen Brüsten ließ sich auch der König Eje (1323–19 v. Chr.) in Relief darstellen. Vgl. W. St. Smith, Ancient Egypt as represented in the Museum of Fine Arts Boston, Boston 1960, S. 137, Abb. 91.
60 Vgl. W. Westendorf, Amenophis IV. in Urgottgestalt, Pantheon 21, 1963, S. 91–94, und E. Hornung, Zeitschrift für ägyptische Sprache und Altertumskunde 97, 1971, S. 76 ff sowie W. Barta in der gleichen Zeitschrift 102, 1975, S. 91–94.
61 Die Übersetzung läßt den Anfang mit den weitschweifigen Titeln des Königs und des Gottes Aton weg sowie die langatmige Nennung des Königs und der Königin am Schluß.
62 Der Sonnengesang des Echnaton ist oft übersetzt worden. Die besten Übertragungen stammen von J. Assmann, Ägyptische Hymnen und Gebete, Zürich–München 1975, S. 215–221 (Nr. 92) und von E. Hornung, Meisterwerke altägyptischer Dichtung, Zürich–München 1978, S. 69–73. Die Übersetzung von E. Hornung wurde hier wiedergegeben.
63 Übersetzung nach Martin Luther
64 Urk. IV, 2013, 2
65 Inventarnummer 14145
66 Die Entwicklung des Gottes Aton und seiner Namen wird mit reichen Literaturangaben von J. Assmann, LÄ I, Stichwort «Aton», Spalte 526–540, behandelt. Die Datierung der Neufassung der Aton-Namen ist nicht genau gesichert, denn zwischen dem 8. Regierungsjahr (Zusatz auf den Grenzstelen!) und dem im 12. Regierungsjahr erfolgten Tribut der Fremdländer existiert kein datiertes Denkmal. E. Hornung (Untersuchungen zur Chronologie und Geschichte des Neuen Reiches, Wiesbaden 1964, S. 83) setzt für dieses Ereignis das 9. Regierungsjahr an. Zahlreiche Gefäßaufschriften nämlich, die ver-

mutlich mit den Feierlichkeiten der Neufassung des Gottesnamens in Zusammenhang stehen, stammen aus diesem Regierungsjahr des Königs.
67 Die «Häresie» des Echnaton: Aspekte der Amarna-Religion, Saeculum 23, 1972, S. 122–123
68 Die Belege hierfür sind bei H. A. Schlögl, Echnaton-Tutanchamun, Fakten und Texte, Wiesbaden 1983, S. 33, zusammengetragen.
69 Vgl. dazu J. J. Janssen, Chronique d'Egypte 26, 1951, 53 f
70 W. Helck, LÄ I, Stichwort «Amarna-Briefe», Spalte 173–174
71 Nach der Übersetzung von J. A. Knudtzon veröffentlicht bei W. Wolf, Funde in Ägypten, Göttingen 1966, S. 188
72 Publiziert bei: H. S. Smith, The Fortress of Buhen. The Inscriptions, London 1976, S. 124–129 mit Tafel XXIX und LXXV (No. 1595). W. Helck hat die Stele neu behandelt (Studien zur altägyptischen Kultur 8, 1980, S. 117–126). Sie wird mit guten Gründen in das 12. Regierungsjahr datiert.
73 Helck (siehe Anm. 72), S. 123, Zeile 3–10
74 Helck (siehe Anm. 72), S. 123, Zeile 15–17
75 Sandman, Texts, 36, 18–37, 3
76 Vgl. Hassan S. K. Bakry, Akhenaten in Heliopolis, Chronique d'Egypte 47, S. 55–56, und B. Löhr, Aḫanjāti in Heliopolis, Göttinger Miszellen 11, 1974, S. 33–38
77 Vgl. B. Löhr, Aḫanjāti im Memphis, Studien zur altägyptischen Kultur 2, 1975, S. 139–187, und W. Helck in der gleichnamigen Zeitschrift 4, 1976, S. 119–121
78 Vgl. H. A. Schlögl, Echnaton-Tutanchamun, Fakten und Texte, Wiesbaden 1983, S. 36
79 Urk. IV, 2027, 2–12
80 Vgl. W. Helck, LÄ III, Stichwort «Kija», Spalte 422–424
81 R. Krauss nimmt eine Ehe Echnatons mit seiner zweitältesten Tochter an (Tutanchamun, Ausstellungskatalog, Mainz 1980, S. 39).
82 Die Strichzeichnung von N. de G. Davies nach dem Relief ist z. B. publiziert bei C. Aldred, Echnaton, Gott und Pharao Ägyptens, Bergisch-Gladbach 1968, Abb. 104
83 Inventarnummer 64.521 und 63.260, publiziert bei J. D. Cooney, Amarna Reliefs from American Collections, Mainz 1965, 82–85, No. 51.51 a
84 Vgl. D. Wildung, LÄ II, Stichwort «Erschlagen der Feinde», Spalte 14–17
85 Inventarnummer N 831
86 Vgl. E. Brunner-Traut, LÄ IV, Stichwort «Nofretete», Spalte 519
87 Vgl. W. Helck, LÄ V, Stichwort «Semenchkare», Spalte 837–841
88 Die Überlieferungen aus dem hethitischen Archiv sind veröffentlicht bei: H. G. Güterbock, The Deeds of Suppiluliuma as Told by His Son, Mursili II, Journal of Cuneiform Studies 10, 1956, S. 41–68, 75–98, 107–130. Eine Übersetzung des Textes ist erschienen in: Ancient Near Eastern Texts Relating to the Old Testament (hg. von J. B. Pritchard), Princeton 1969³, S. 319
89 Vgl. E. Hornung, Tal der Könige. Die Ruhestätte der Pharaonen, Zürich–München 1982, S. 39
90 History and Chronology of the eighteenth Dynasty, Toronto 1967, S. 159
91 Tutanchamun, Ausstellungskatalog, Mainz 1980, S. 43 ff
92 Vgl. K. Kitchen, Chronique d'Egypte 43, 1968, S. 319
93 H.-J. Thissen, LÄ III, Stichwort «Manetho», Spalte 1180–1181. Die ägypti-

schen Könige nach Manetho in den verschiedenen Versionen sind behandelt bei: W. Helck, Untersuchungen zu Manetho und den ägyptischen Königslisten, Leipzig–Berlin 1956

94 Das Ende der Amarnazeit, Hildesheim 1981², S. 30 ff
95 Vgl. G. Roeder, Amarna-Reliefs aus Hermopolis (hrg. von R. Hanke), Hildesheim, 1969, Tafel 106, 831 VIII C
96 R. Connolly – R. G. Harrison – A. B. Abdalla, Nature 24, 1969, 325 f und dieselben Autoren in Journal of Egyptian Archeology 62, 1967, S. 184–186
97 Horusname «Starker Stier, mit vollkommenen Geburten», Nebti-Name «Mit vollkommenen Gesetzen, der die Beiden Länder zur Ruhe bringt», Goldhorusname «Der die Kronen erhebt und die Götter befriedet», Nesut-Biti-Name «Nebcheprure» (= Ein Herr von Erscheinungsformen ist Re) und schließlich der Geburtsname «Tutanchaton». Vgl. Urk. IV, 2049 ff
98 Aus dieser Stele wurde in «Außenpolitik und Verwaltung» zitiert (S. 100 f).
99 Der am Hof Echnatons wirkende «General» und «Leiter der Arbeiten» Paatonemhab wird manchmal mit Haremhab gleichgesetzt (z. B. R. Hari, Horemheb et la reine Moutnedjemet ou la fin d'une dynastie, Genf 1965, S. 29 ff). Mit guten Gründen aber hat sich E. Hornung (Das Grab des Haremhab im Tal der Könige, Bern 1971, S. 12) gegen diese Gleichsetzung gewandt.
100 Schreibtafel, Britisches Museum Inventarnummer 5656. Zitiert nach der Übersetzung von J. Assmann, Ägyptische Hymnen und Gebete, Zürich–München 1975, S. 391 (20–23).
101 Vgl. E. Hornung, Der Eine und die Vielen, Darmstadt 1973², S. 215–216
102 E. Hornung, Ägyptische Unterweltsbücher, Zürich–München 1972, S. 26
103 E. Hornung, Tal der Könige. Die Ruhestätte der Pharaonen, Zürich–München 1982, S. 38 ff
104 W. Helck / E. Otto, Kleines Wörterbuch der Ägyptologie, Wiesbaden 1970², Stichwort «Sprache»
105 Die Einflüsse der Amarna-Kunst auf die Folgezeit sind gut aufgezeigt bei: M. Seidel / D. Wildung sowie J. Assmann, in C. Vandersleyen (Hg.), Das Alte Ägypten (Propyläen Kunstgeschichte), Berlin 1975, S. 241–242 und S. 312–317.
106 Auf das mögliche religiöse Nachwirken von Echnatons Revolution in Ägypten und in seiner Umwelt weist E. Hornung hin in: O. Keel (Hg.), Monotheismus im Alten Israel und seiner Umwelt, Freiburg (Schweiz) 1980, S. 94–96, und derselbe in: K. Rahner (Hg.), Der eine Gott und der dreieine Gott, Freiburg i. B. 1983, S. 48–66.

# Zeittafel

Die Zeittafel richtet sich nach der neuen Chronologie von Rolf Krauss (Ägyptisches Museum Berlin, Mainz 1983, S. 84–88). Sie differiert um einige Jahre mit der von anderen Historikern, doch können die genauen Daten der Ereignisse ohnehin nur als Möglichkeit betrachtet werden.

| | |
|---|---|
| 1377/75 v. Chr. | Der spätere König Amenophis IV. wird als zweiter Sohn von Amenophis III. und seiner großen Königsgemahlin Teje vermutlich in Theben geboren. |
| um 1359 | Der ältere Bruder des Prinzen Amenophis, Thutmosis, stirbt. Amenophis wird Kronprinz. |
| um 1358 | Kronprinz Amenophis heiratet die bürgerliche Nofretete, die wahrscheinlich die Tochter des königlichen Sekretärs Eje ist. |
| um 1355 | Die älteste Tochter des Kronprinzen, Meritaton, wird geboren. |
| um 1352 | Geburt der Tochter Maketaton. |
| 1352 | König Amenophis III. stirbt in seinem 38. Regierungsjahr und wird in Theben-West beigesetzt. Amenophis IV. wird in der Hauptstadt Theben gekrönt. Nofretete wird große Königsgemahlin. |
| um 1350 | Der spätere König Semenchkare wird von einer Tochter Amenophis' III. geboren (der Vater ist nicht bekannt). Amenophis IV. errichtet in Karnak einen großen Atontempel. Geburt der Tochter Anchesenpaaton. |
| 1349/48 | Der neue Atontempel wird mit Bildern in einem «expressionistischen» Kunststil geschmückt. Aton wird zur führenden Gottheit, jedoch werden die anderen Götter weiter verehrt. |
| 1347 | Amenophis IV. beschließt die Gründung einer neuen Residenzstadt in der Gegend von Tell el-Amarna. Geburt der Tochter Neferneferuaton tascherit. Die Mehrzahl der führenden Beamten, die Amenophis IV. von seinem Vater übernommen hat, werden durch neue Männer ersetzt. |
| 1346/45 | Übersiedlung des Hofes in die neue Residenz, die den Namen Achetaton trägt. Der König ändert seine Titulatur und seinen Geburtsnamen. Er heißt von nun an Echnaton. |
| um 1344 | Die Tochter Neferneferure wird geboren. |
| 1343/42 | Die Namen des Gottes Aton werden neu geformt. Schließung der Tempel der anderen Götter und Verfolgung ihres Andenkens. Ägypten hat damit eine monotheistische Religion. Geburt der sechsten Tochter Setepenre. |
| 1341/40 | In Achetaton erscheinen Delegationen des Auslandes und brin- |

| | |
|---|---|
| | gen dem König ihren Tribut. Echnaton heiratet seine Töchter Meritaton, Maketaton (?) und Anchesenpaaton nach dem Vorbild seines Vaters Amenophis III., der ebenfalls zwei seiner Töchter geheiratet hat. Ein nubischer Aufstand wird niedergeschlagen. Besuch der Königinmutter Teje in Achetaton. |
| 1339 | Die zweitälteste Tochter, Maketaton, stirbt und wird im königlichen Familiengrab in Achetaton beigesetzt. Der spätere König Tutanchaton (Tutanchamun) wird als jüngerer Bruder des Semenchkare geboren. |
| 1338 | Königin Nofretete verschwindet aus dem öffentlichen Leben. An ihre Stelle tritt die älteste Tochter Meritaton. |
| 1337 | Abfall zweier asiatischer Provinzen. Angriff des Hethiterkönigs Suppiluliuma I. auf die ägyptische Provinz Amka in Nordsyrien. |
| 1336 | König Echnaton stirbt. |
| | Die Königinwitwe Meritaton regiert allein. Eine Heirat mit einem hethitischen Königssohn wird durch dessen Ermordung verhindert. |
| 1335 | Meritaton heiratet Semenchkare, der als König eine Annäherung an den alten Reichsgott Amun sucht. |
| 1333 | Meritaton stirbt. |
| 1332 | Semenchkare stirbt. Sein minderjähriger Bruder Tutanchaton wird durch Heirat mit Anchesenpaaton König. Krönung in Achetaton. Die Regentschaft führen Eje und Haremhab. Der letztere hat den militärischen Oberbefehl. In der Religion wird ein vorsichtiger Restaurationskurs verfolgt. |
| 1330 | Der König ändert seinen Namen in Tutanchamun und ebenso heißt seine Gemahlin von nun ab Anchesenamun. |
| 1329 | Achetaton wird als Residenz aufgegeben. Neue Hauptstadt ist Memphis. Die alten Götter werden wieder in ihre Rechte eingesetzt. |
| 1323/22 | Tutanchamun stirbt und wird im Tal der Könige in Theben-West beigesetzt. Mit ihm stirbt das Herrscherhaus der 18. Dynastie aus. |

# Zeugnisse

Amenophis IV., der junge und unerfahrene Sohn Amenophis' III. und der Königin Teje, besaß wohl Kraft und Furchtlosigkeit genug auf bestimmten Gebieten – aber ihm fehlte jegliches Verständnis für die praktischen Bedürfnisse seines Reiches.
*James H. Breasted: «History of Egypt». 1905*

Was war das für ein Moment der Windstille in der großen ägyptischen Zeit? Welcher Gott hielt den Atem an, damit diese Menschen um den vierten Amenophis so zu sich kamen? Wo, plötzlich, stammen sie her? Und wie schloß sich wieder, gleich hinter ihnen, die Zeit, die einem «Seienden» Raum gegeben, – es «ausgespart» hatte!
*Rainer Maria Rilke: Brief an Charlotte von Wedel, 1922*

Der beste Beweis für die Leblosigkeit des restaurierten ägyptischen Gesellschaftskörpers war der völlige Fehlschlag des einzigen Versuchs, ihn vom Tode zu retten. Dieses Mal versuchte ein Mann, der Pharao Echnaton, durch eine Augenblicksgebärde den Akt religiöser Schöpfung zu wiederholen, der vergeblich von der Osiris-Kirche des inneren Proletariats während der Jahrhunderte der lang vergangenen Zeit der Wirren vollzogen worden war. Durch sein reines Genie schuf Echnaton eine neue Auffassung von Gott und Mensch, von Leben und Natur und gab ihr in einer neuen Kunst und Poesie Ausdruck; aber tote Gesellschaftskörper können so nicht zum Leben erweckt werden.
*Arnold J. Toynbee: «Study of History». 1934*

Echnaton ist die erste Persönlichkeit der Weltgeschichte, die greifbar vor uns steht. Alle früheren verschwimmen im Nebel des Mythus oder sind unter dem Prozeß der historischen Verdichtung zu fleischlosen Gattungsbegriffen geworden. Echnaton aber ist unser Bruder, ja fast unser Zeitgenosse: die Ballade seines Lebens, wie sie durch geheimnisvolle Fernwirkung bis zu uns gelangt ist, ist mit unserem Blut geschrieben. Bei allen seinen Irrtümern und Schwächen war er etwas Ergreifendes, Einmaliges und Denkwürdiges; ein moderner Mensch auf einem uralten Thron.
*Egon Friedell: «Kulturgeschichte Ägyptens und des Alten Orients». 1936*

Dieser König unternahm es, seinen Ägyptern eine neue Religion aufzudrängen, die ihren jahrtausendealten Traditionen und all ihren vertrauten Lebensgewohnheiten zuwiderlief. Es war ein strenger Monotheismus, der erste Versuch dieser Art in der Weltgeschichte, soweit unsere Kenntnis reicht, und mit dem Glauben an einen einzigen Gott wurde wie unvermeidlich die religiöse Intoleranz geboren, die dem Altertum vorher – und noch lange nachher – fremd geblieben.
*Sigmund Freud: «Der Mann Moses und die monotheistische Religion».*
*1939*

Niemand war der Lehre von seinem unendlich fernen und dabei um jedes Mäuschen und Würmchen zärtlich besorgten Vater im Himmel, von dem die Sonnenscheibe nur ein vermittelndes Gleichnis war, und der ihm, Echnaton, seinem liebsten Kinde, seines Wesens Wahrheit zuflüsterte, im geringsten gewachsen ...
*Thomas Mann: «Joseph der Ernährer». 1943*

Amenophis IV., an dessen Namen sich der große geistige Umschwung knüpft, ist nicht nur der Religionsstifter, nicht nur der Entdecker der monotheistischen Idee, für den man ihn allgemein kennt, nicht nur der erste Prophet und der erste Individualist der Weltgeschichte, sondern auch der erste bewußte Erneuerer der Kunst: der erste Mann, der aus dem Naturalismus ein Programm macht und ihn dem archaischen Stil als eine Errungenschaft entgegensetzt.
*Arnold Hauser: «Sozialgeschichte der Kunst und Literatur». 1953*

Keineswegs seiner Zeit voraus waren die Ideen, die Echnaton verbreitete, vielmehr besaßen sie im Gegenteil einen stark altertümelnden Beigeschmack.
*Cyril Aldred: «Echnaton, Gott und Pharao Ägyptens». 1968*

Echnaton war gewiß kein «Schwärmer», sondern ein konsequenter Rationalist. Stufe um Stufe seines Reformwerkes wird verwirklicht, sobald die politischen, machtmäßigen Voraussetzungen dafür geschaffen sind. Weltfremd ist dieser Philosoph auf dem Pharaonenthron sicher nicht gewesen. Er ging mit dem Instrumentarium der Macht, das ihm zu Gebote stand, virtuos um, und er ist letztlich wohl nicht an den Machtverhältnissen gescheitert.
*Erik Hornung: «Der Eine und die Vielen». 1971*

Die neue Königstheologie stellte Echnaton in einer Weise in den Mittelpunkt des religiösen Lebens und damit des Lebens in Ägypten überhaupt, wie es bis dahin keinem Menschen zugekommen war, er übernahm viele Funktionen, die bis dahin Gott gehört hatten.
*Hellmut Brunner: «Grundzüge der altägyptischen Religion». 1983*

*Gold gab es genug in Ägypten ...*

... nur Geld kannte man nicht. Und weil es wohl etwas mühsam gewesen wäre, mit dem Goldbarren unter dem Arm einkaufen zu gehen, betrieb man Tauschhandel im alten Ägypten. Das Gold dagegen wurde im Tempel aufbewahrt, denn dort war es sicher.

Wir, die wir an Geld gewöhnt sind, haben es doch bequemer. Beim Einkaufen und bei unseren Möglichkeiten, Geld sicher anzulegen.

# Pfandbrief und Kommunalobligation

**Meistgekaufte deutsche Wertpapiere - hoher Zinsertrag - schon ab 100 DM bei allen Banken und Sparkassen**

Verbriefte Sicherheit

Denn während die Religionsstiftungen der Antike in einem vergleichsweise modernen religiösen und intellektuellen Klima auftraten, das durch die Pluralität konkurrierender Religionen gekennzeichnet war und die Geborgenheit des einzelnen und der Gesellschaft in der fraglosen Heiligkeit einer gewachsenen Tradition schon hinter sich gelassen hatte, brach Echnatons Religionsstiftung in eine Welt ein, die fest und fraglos in der polytheistischen Tradition verwurzelt war. Was als Schock gewirkt haben muß, und was auch wir in der Rückschau als das eigentliche religionsgeschichtliche Ereignis würdigen sollten, ist weniger die Proklamation der Einheit Gottes als der Akt der Stiftung einer neuen Religion und die damit verbundene Negation, Abschaffung und radikale Entwirklichung einer so massiven Realität, wie es die in Jahrtausenden gewachsene, in Tempeln und Kulten gegenwärtige, auf vielfältige Weise in der Lebenswelt und Alltagserfahrung der Gesellschaft verwobene polytheistische Religion darstellt.

Der Schock der Religionsstiftung muß um so größer gewesen sein, als Echnaton mit einer unerhörten Brutalität vorging. Die Religion warb nicht, sie wurde verordnet. Die Tradition wurde nicht in Frage gestellt, sondern verfolgt und verboten.

*Jan Assmann: «Ägypten – Theologie und Frömmigkeit einer frühen Hochkultur». 1984*

# Bibliographie

## 1. Wissenschaftliche Hilfsmittel

Bonnet, H.: Reallexikon der ägyptischen Religionsgeschichte (= RÄRG). Berlin 1952

Dawson, R. W. / Uphill, E. P.: Who was Who in Egyptology. London 1972²

Erman, A. / Grapow, H.: Wörterbuch der ägyptischen Sprache (= Wb), 6 Bde. Berlin–Leipzig 1957²

Hari, R.: Répertoire onomastique amarnien (Aegyptiaca Helvetica IV). Genf 1976

Helck, W. / Otto, E.: Kleines Wörterbuch der Ägyptologie. Wiesbaden 1970²

Helck, W. / Otto, E. / Westendorf, W. (Hg.): Lexikon der Ägyptologie (= LÄ), 6 Bde. Wiesbaden 1975 ff

Porter, B. / Moss, R. L. B.: Topographical Bibliography of Ancient Egyptian Hieroglyphic Texts, Reliefs and Paintings, 7 Bde. Oxford 1927–52, 2. Aufl. 1960 ff

Ranke, H.: Die altägyptischen Personennamen, 2 Bde. Glückstadt 1935 und 1952

Schulman, A. R.: Military Rank, Title and Organisation in the Egyptian New Kingdom. Berlin 1964

Vandier, J.: Manuel d'Archéologie Egyptienne, 5 Bde. Paris 1952–69

## 2. Archäologische und textliche Quellen

Assmann, J.: Ägyptische Hymnen und Gebete. Zürich–München 1975

Borchardt, L.: Grabungsberichte in Mitteilungen der Deutschen Orient-Gesellschaft Nr. 34, 46, 50, 52, 55

Davies, N. de G.: The Rock Tombs of El Amarna, 6 Bde. (Archaeological Survey of Egypt 13–18). London 1903–08

Hanke, R.: Amarna-Reliefs aus Hermopolis. Hildesheim 1978

Helck, W.: Urkunden der 18. Dynastie, Abteilung IV (= Urk. IV), Heft 21 und 22. Berlin 1958

Hornung, E.: Meisterwerke altägyptischer Dichtung. Zürich–München 1978

Peet, E. / Woolley, C. L. / Frankfort, H. / Pendlebury, J.: The City of Akhenaten, 3 Bde. London 1923–51

Petrie, W. M. F.: Tell El Amarna. London 1894

Roeder, G.: Hermopolis 1929–1939. Hildesheim 1959

Roeder, G.: Amarna-Reliefs aus Hermopolis (hg. von R. Hanke). Hildesheim 1969

Sandman, M.: Texts from the Time of Akhenaten (= Sandman, Texts). Brüssel 1938

## 3. Allgemeine Darstellungen des Neuen Reiches bzw. der 18. Dynastie

GARDINER, A.: Geschichte des Alten Ägypten (Kröners Taschenausgabe Band 354). Stuttgart 1965. S. 160–272

HORNUNG, E.: Untersuchungen zur Chronologie und Geschichte des Neuen Reiches. Wiesbaden 1964

HORNUNG, E.: Grundzüge der ägyptischen Geschichte. Darmstadt 1978². S. 72–114

REDFORD, D. B.: History and Chronology of the Eighteenth Dynasty of Egypt. Toronto 1967

WOLF, W.: Kulturgeschichte des Alten Ägypten (Kröners Taschenausgabe Band 321). Stuttgart 1962. S. 281–411

WOLF, W.: Das alte Ägypten (dtv-Monographie zur Weltgeschichte). München 1971. S. 94–158

## 4. Biographien und Gesamtdarstellungen (Amenophis III. und Amenophis IV.)

ALDRED, C.: Echnaton, Gott und Pharao Ägyptens. Bergisch-Gladbach 1968

BILLE-DE MOT, E.: Die Revolution des Pharao Echnaton. München 1965

BRATTON, F. G.: The first Heretic. The life und times of Ikhnaton the King. Boston 1961

GILES, F.: Ikhnaton, Legend and History. London 1970

HORNUNG, E.: LÄ I, Stichwort «Amenophis III.», Spalte 206–210

KRAUSS, R.: Das Ende der Amarnazeit. Hildesheim 1981²

LANGE, K.: König Echnaton und die Amarna-Zeit. Die Geschichte eines Gottkünders. München 1951

LEEUWENBURG, L. G.: Echnaton (Cultuurhistorische Monografieen 5). Den Haag 1946

MAT'E, M. E.: Vo vremena Nefertiti. Moskau 1965

PEREPELKIN, J. J.: Perevorot Amen-Chotpa IV. (Der Umsturz Amenophis' IV.), 2 Teile. Moskau 1967 und 1984

REDFORD, D. B.: Akhenaten, the Heretic King. Princeton 1984

RIEFSTAHL, E.: Thebes in the time of Amunhotep III. Oklahoma 1964

SCHLÖGL, H. A.: Echnaton – Tutanchamun, Fakten und Texte. Wiesbaden 1985²

SILVERBERG, R.: Akhenaten, the Rebel Pharaoh. Philadelphia 1964

WEIGALL, A.: Echnaton, König von Ägypten und seine Zeit. Basel 1923

WENIG, St.: LÄ I, Stichwort «Amenophis IV.», Spalte 210–219

## 5. Zur Geistesgeschichte und Religion

ANTHES, R.: Die Maat des Echnaton von Amarna (Supplement to the Journal of the American Oriental Society 14). Baltimore 1952

ASSMANN, J.: LÄ I, Stichwort «Aton», Spalte 526–540

ASSMANN, J.: Die «Häresie» des Echnaton: Aspekte der Amarna-Religion. Saeculum 23, 1972, S. 109–126

Assmann, J.: Re und Amun. Die Krise des polytheistischen Weltbilds im Ägypten der 18.–20. Dynastie (Orbis Biblicus et Orientalis 51). Fribourg–Göttingen 1983. S. 96–143

Assmann, J.: Ägypten – Theologie und Frömmigkeit einer frühen Hochkultur (Urban Taschenbücher 366). Stuttgart 1984. S. 232–285

Auffret, P.: Hymnes d'Egypte et d'Israel (Orbis Biblicus et Orientalis 34). Fribourg–Göttingen 1981

Brunner, H.: Grundzüge der altägyptischen Religion. Darmstadt 1983. S. 35–46

Davies, N. de G.: Akhenaten at Thebes. Journal of Egyptian Archeology 9, 1923, S. 132–152

Fecht, G.: Frühform der Amarna-Theologie. Neubearbeitung der Stele der Architekten Suti und Hor. Zeitschrift für ägyptische Sprache und Altertumskunde 94, 1967, S. 25–50

Hanke, R.: Bild- und Inschriftänderungen der Amarna-Zeit. Studien zur altägyptischen Kultur 2, 1975, S. 79–93

Hornung, E.: Die Bedeutung des Tieres im alten Ägypten. Studium Generale 20, 1967, S. 69–84

Hornung, E.: Der Eine und die Vielen. Ägyptische Gottesvorstellungen. Darmstadt 1973²

Hornung, E. / Staehelin E.: Studien zum Sedfest (Aegyptiaca Helvetica I). Genf 1974

Kákosy, L.: Die weltanschauliche Krise des Neuen Reiches. Zeitschrift für ägyptische Sprache und Altertumskunde 100, 1973, S. 35–41

Kees, H.: Das Priestertum im ägyptischen Staat. Leiden–Köln 1958

Nordheim, E. von: Der große Hymnus des Echnaton und Psalm 104. Studien zur altägyptischen Kultur 7, 1979, S. 227–251

Perepelkin, G.: The Secret of the Gold Coffin. Moskau 1978

Wildung, D.: Imhotep und Amenhotep. Gottwerdung im Alten Ägypten. Berlin 1977

Wolf, W.: Vorläufer der Reformation Echnatons. Zeitschrift für ägyptische Sprache und Altertumskunde 59, 1924, S. 109–119

# 6. Zur Politik und Verwaltung

Campbell, E. F.: The Chronology of the Amarna Letters. Baltimore 1964

Edel, E.: Die Ortsnamenslisten aus dem Totentempel Amenophis' III. Bonn 1966

Giveon, R.: LÄ I, Stichwort «Amurru», Spalte 251–252

Habachi, L.: LÄ III, Stichwort «Königssohn von Kusch», Spalte 626–640

Hayes, W. C.: International Affairs from Thutmosis I to the Death of Amenophis III. The Cambridge Ancient History II, Heft 10, Cambridge 1962

Helck, W.: Der Einfluß der Militärführer in der ägyptischen 18. Dynastie. Berlin 1939

Helck, W.: Zur Verwaltung des Mittleren und Neuen Reiches. Leiden–Köln 1958

Helck, W.: Die Beziehungen Ägyptens zu Vorderasien im 3. und 2. Jahrtausend v. Chr. Wiesbaden 1971². S. 168–188

Kitchen, K. A.: Suppiluliuma and the Amarna Pharaos. Liverpool 1962

Klengel, H.: Aziru von Amurru und seine Rolle in der Geschichte der Amarnazeit. Mitteilungen des Instituts für Orientforschung 10, 1964, S. 57–83

KLENGEL, H.: Einige Bemerkungen zur Syrienpolitik des Amenophis IV./Echnaton. Das Altertum 11/3, 1965, S. 131–137

KNUDTZON, J. A.: Die El-Amarna-Tafeln, 2 Bde. Leipzig 1915

KÜHNE, C.: Die Chronologie der internationalen Korrespondenz von El-Amarna. Neukirchen–Vluyn, 1973

MERCER, S. A. B.: The Tell el-Amarna Tablets, 2 Bde. Toronto 1939

REDFORD, D. B.: LÄ IV, Stichwort «Mitanni», Spalte 149–152

WEIL, A.: Die Veziere des Pharaonenreiches. Straßburg 1908

WENIG, ST.: LÄ III, Stichwort «Kawa», Spalte 378

ZIBELIUS-CHEN, K.: LÄ V, Stichwort «Sesibi», Spalte 888–890

## 7. Zur Kunst und Bautätigkeit

ALDRED, D.: The Beginning of the El-Amarna Period. Journal of Egyptian Archaeology 45, 1959, S. 19–53

ALDRED, C.: Akhenaten and Nefertiti. Brooklyn 1973

ANTHES, R.: Die Büste der Königin Nofretete. Berlin 1968[4]

ASSMANN, J.: LÄ I, Stichwort «Atonheiligtümer», Spalte 541–549

BADAWY, A.: The symbolism of the temples at Amarna. Zeitschrift für ägyptische Sprache und Altertumskunde 87, 1962, S. 79 ff

BADAWY, A.: A History of Egyptian Architecture, Bd. III. Berkeley–Los Angeles 1968. S. 76–126

BARTA, W.: Zur Darstellungsweise der Kolossalstatuen Amenophis' IV. aus Karnak. Zeitschrift für ägyptische Sprache und Altertumskunde 102, 1975, S. 91–94

BISSING, F. W. VON: Der Fußboden aus dem Palast des Königs Amenophis' IV. zu el Hawata im Museum zu Kairo. München 1941

BORCHARDT, L.: Porträts der Königin Nofretete aus den Grabungen 1912–13 in Tell el-Amarna (44. Wissenschaftliche Veröffentlichung der Deutschen Orient-Gesellschaft). Leipzig 1923

BORCHARDT, L. / RICKE, H.: Die Wohnhäuser in Tell el-Amarna (hg. von V. Fritz und R. Stadelmann). Berlin 1980

CHAPPAZ, J.-L.: Le premier édifice d'Aménophis IV à Karnak. Bulletin de la Société d'Egyptologie 8, 1983, S. 13–47

DESROCHES-NOBLECOURT, CHR.: Un buste monumental d'Amenophis IV. Don prestigieux de l'Egypte à la France. La Revue du Louvre 22, 1972, S. 239–250

DESROCHES-NOBLECOURT, CHR.: La statue colossale fragmentaire d'Amenophis IV offerte par l'Egypte à la France (Louvre E. 27112), Monuments et mémoires. Fondation Eugène Piot 59, 1974, S. 1–44

DORESSE, M.: Les temples atoniens de la région thébaine. Orientalia 24, 1955, S. 113–135

FAZZINI, R. A.: Art from the Age of Akhenaten. Brooklyn 1973

FRANKFORT, H.: The Mural Painting of El-Amarneh. London 1929

GESSLER-LÖHR, B.: Die heiligen Seen ägyptischer Tempel. Ein Beitrag zur Deutung sakraler Baukunst. Hildesheim 1983. S. 197–207

HORNUNG, E.: Gedanken zur Kunst der Amarnazeit. Zeitschrift für ägyptische Sprache und Altertumskunde 97, 1971, S. 74–78

KEMP, B. J.: LÄ VI, Stichwort «Tell el-Amarna», Spalte 309–319

Leeuwenburg, L. G.: De grensstele's van Amarna. Jaarbericht van het vooraziatisch-egyptisch Gezelschap «Ex Oriente Lux» IX, 1944, S. 39–49

Möller, L. L.: Ägyptische Kunst aus der Zeit des Königs Echnaton (Ausstellungskatalog). Hamburg 1965

Müller, H. W.: Einführung in die Kunst Amenophis' IV. Echnaton (Nofretete– Echnaton, Ausstellungskatalog). Mainz 1976

Pillet, M.: L'art d'Akhenaten, Mélanges Mariette, Bibliothèques d'Etude, Institut Français d'Archéologie Orientale. Kairo 1961. S. 91

Ricke, H.: Der Grundriß des Amarna-Wohnhauses. Leipzig 1932

Samson, J.: Amarna. City of Akhenaten and Nefertiti. Key Pieces from the Petrie Collection. London 1972

Satzinger, H.: Echnatons neue Kunst (Echnaton–Nofretete–Tutanchamun Ausstellungskatalog). Wien 1975. S. 26–31

Schäfer, H.: Amarna in Religion und Kunst. Leipzig 1931

Smith, R. W. / Redford, D. B.: The Akhenaten Temple Project I. Warminster 1976

Smith, W. St.: The Art and Architecture of Ancient Egypt (The Pelican History of Art). Harmondsworth 1965$^2$

Timme, P.: Tell el-Amarna vor der deutschen Ausgrabung im Jahre 1911. Berlin– Leipzig 1917

Vandersleyen, C. (Hg.): Das Alte Ägypten (Propyläen Kunstgeschichte). Berlin 1975. S. 54–60

Vandier, J.: Les Stèles frontières d'el-Amarna, à propos d'une nouvelle acquisition du Musée du Louvre, Monuments et mémoires publiés par l'Académie des inscriptions et belles-lettres (Fondation Eugène Piot) 40, 1944, S. 5–22

Wenig, St.: LÄ I, Stichwort «Amarna-Kunst», Spalte 174–181

Wenig, St.: Meisterwerke der Amarnakunst. Leipzig 1974

Westendorf, W.: Amenophis IV. in Urgottgestalt. Pantheon 21, 1963, S. 269– 277

Wit, C. de: La statuaire de Tell Amarna. Antwerpen 1950

Wolf, W.: Die Kunst Ägyptens, Gestalt und Geschichte. Stuttgart 1957. S. 452– 462 (Plastik) und S. 502–544 (Flachbild)

Yoyotte, J.: Le bassin de Djâroukha. Kêmi 15, 1959, S. 23–33

Zivie, A.-P: Une tombe amarnienne à Saqqarah. Bulletin de l'Institut français d'archéologie orientale 84, 1979, S. 21–32

## 8. Zur königlichen Familie

Beckerath, J. von: LÄ I, Stichwort «Eje», Spalte 1211

Brunner-Traut, E.: LÄ IV, Stichwort «Nofretete», Spalte 519–521

Brunner, H.: Eine neue Amarna-Prinzessin. Zeitschrift für ägyptische Sprache und Altertumskunde 74, 1938, S. 104 ff

Hayes, W. C.: Minor Art and Family History in the Reign of Amun-hotep III. Bulletin of the Metropolitan Museum of Art New York VI, 1947–48, S. 272– 279

Helck, W.: LÄ III, Stichwort «Kija», Spalte 422–424

Helck, W.: LÄ IV, Stichwort «Meketaton», Spalte 22–23

Helck, W.: LÄ V, Stichwort «Semenchkare», Spalte 837–841

NEWBERRY, P. E.: Akhenaten's Eldest Son-in-Law Ankhkheprure. Journal of Egyptian Archeology 14, 1928, S. 3–9

PEREPELKIN, J. J.: Kija und Semenchkare. Moskau 1979 (in russischer Sprache)

REDFORD, D. B.: LÄ IV, Stichwort «Meretaton», Spalte 90–91

SEIPEL, W.: LÄ I, Stichwort «Anchesenpaaton», Spalte 262–263

WALLE, B. VAN DE: La princesse Isis, fille et épouse d'Amenophis III. Chronique d'Egypte 43, 1968, S. 36–54

# 9. Zum Ausgang der 18. Dynastie

ALDRED, C.: The End of the el-Amarna Period. Journal of Egyptian Archeology 43, 1957, S. 30–41

DESROCHES-NOBLECOURT, CHR.: Tut-ench-Amun, Leben und Tod eines Pharao. Berlin–Frankfurt–Wien 1963

HARI, R.: Horemheb et la reine Moutnedjement ou la fin d'une dynastie. Genf 1965

HAYES, W. C.: The Scepter of Egypt, Part II. New York $1968^2$. S. 280–325

HELCK, W.: Probleme der Königsfolge in der Übergangszeit von 18. zu 19. Dyn. Mitteilungen des Deutschen Instituts für ägyptische Altertumskunde in Kairo 37, 1981, S. 207–215

HORNUNG, E.: Das Grab des Haremhab im Tal der Könige. Bern 1971

SEELE, K. C.: King Ay and the Close of the Amarna Age. Journal of Near Eastern Studies 14, 1955, S. 168–180

WILDUNG, D.: Tutanchamun (Piper Galerie). München 1980

# Namenregister

*Die kursiv gesetzten Zahlen bezeichnen die Abbildungen*

Aitakama, Fürst von Kadesch 103, 115f
Aldred, Cyril 89
Alexander III. der Große, König der Makedonen 7
Amenophis 31f, *32*
Amenophis III., Pharao 30, 34, 36f, 39, 40f, 43, 49, 57, 86, 100, 102, 111, 113, 117, 119, *31, 33*
Anchcheprure, Königin 120
Anchesenpaaton, Prinzessin 79, 95, 111, 114, 120f
Anchesenpaaton die Jüngere 115
Aper-El, Vezir 56
Assmann, Jan 98
Aziru, Fürst von Amurru 103, 115

Bak 85, *83*
Baketaton 113
Bonaparte, Napoléon 66
Borchardt, Ludwig 66, 73, 79f
Bouriant, Urbain 91
Burnaburiasch, König von Karaduniasch 103

Carter, Howard 125
Champollion, Jean-François 7, 66
Cheriuf 42

Davies, Norman de Garis 66, 91
Diodor 17

Eje, Pharao 40, 57, 91, 118, 121, 125f, *54*

Fairman, Herbert W. 42
Fecht, Gerhard 8
Franz von Assisi (Giovanni Bernardone) 95

Giluchepa, Prinzessin 35
Goethe, Johann Wolfgang von 29

Hapu 31f
Haremhab, Pharao 121f, *21, 124*
Helck, Wolfgang 42
Hor 38
Hornung, Erik 42
Hui, Vizekönig 56
Huja 107, 113

Ipj 57
Isis, Prinzessin 36

Jesus 90
Juja 35f, 40

Kija 110f
Krauss, Rolf 118, 120

Machiavelli, Niccolò 7
Mai, Hohenpriester 51
Maja 55
Maketaton, Prinzessin 79, 95, 111, *110*
Manetho 119f
Mann, Thomas 45
Mariette, Auguste 86f
Menitaton, Prinzessin 79

Merimose, Vizekönig von Kusch 30
Merire (Haushofmeister) 107
Merire, Hohenpriester 53
Meritaton, Prinzessin 63, 95, 110f, 114, 117, 119f, *51, 96, 119*
Meritaton die Jüngere 115
Meritire 56
Mohammed 90
Moses 90
Mutbeneret 40

Nachtpaaton, Vezir 56
Neferneferuaton, Prinzessin 79
Neferneferure, Prinzessin 79
Nofretete, Königin 8, 40, 49, 61f, 79, 87f, 95, 104, 107, 110f, 119, *51, 54, 59, 81, 96, 110, 111*

Panehesi 55
Parennefer 49f, 54
Pendlebury, John 42, 66
Pentu 54
Petrie, Flinders 66, 102
Picasso, Pablo (Pablo Ruiz y Picasso) 89

Rames 55
Ramose, Vezir 49, 57, *48*
Ramses II., Pharao 66, *15, 16*
Redford, Donald B. 118
Ribaddi, Fürst von Byblos 104
Rilke, Rainer Maria 29, 80

Satamun, Prinzessin 36
Schutarna, Mitanni-König 35
Semenchkare, Pharao 80, 117, 120, *119*
Setepenre, Prinzessin 79
Sethos I., Pharao 66, 126, *18*
Sicard, Claude 66
Suppiluliuma I., Hethiter-König 37, 100, 103, 116, 117f
Suti 38

Taduchepa, Prinzessin 37, 40
Teje, Königin 35f, 40, 42, 61, 102f, 107, 113, *33, 111*
Thutmosis (Oberbildhauer) 73
Thutmosis, Prinz 36, 39
Thutmosis, Vizekönig 56, 105
Thutmosis I., Pharao 62, 121
Thutmosis III., Pharao 104
Thutmosis IV., Pharao 30
Tjj 40, *54*
Tuja 36
Tuschratta, Mitanni-König 37, 102
Tutanchaton s. u. Tutanchamun
Tutanchamun, Pharao 42, 109, 118, 120f
Tutu 54f, 95, 100

Verdi, Giuseppe 86

Zannanza, Prinz 117, 120
Zarathustra (Spitama) 90

# Danksagung

Frau Dr. Regine Buxtorf hat in Ägypten zahlreiche Fotografien für diese Monographie angefertigt, und Herr Hans Hauser zeichnete die genealogische Karte der Könige der späten 18. Dynastie. Ihnen beiden möchte ich für ihre hilfreiche Mitarbeit sehr herzlich danken.

# Über den Autor

Dr. Hermann Alexander Schlögl, geboren 1932 in Landshut (Bayern), Studium der Germanistik und Theaterwissenschaft in München, gleichzeitig Schauspielunterricht. Langjährige aktive Bühnentätigkeit u. a. an den Städtischen Bühnen Wuppertal und am Züricher Schauspielhaus. Ab 1971 Studium der Ägyptologie, der klassischen Archäologie und der Alten Geschichte an den Universitäten Zürich und Basel. 1979 Promotion in Basel bei Erik Hornung über das Thema «Der Gott Tatenen nach Texten und Bildern des Neuen Reiches» (erschienen in der Reihe «Orbis biblicus et orientalis», Freiburg–Göttingen 1980). Seit Wintersemester 1980/81 Lehrtätigkeit im Fach Ägyptologie an der Universität Freiburg (Schweiz). Neben Artikeln in Fachzeitschriften folgende größere Publikationen: «Der Sonnengott auf der Blüte», Genf 1977; «Echnaton – Tutanchamun, Fakten und Texte», Wiesbaden 1983; Mitarbeit am «Lexikon der Ägyptologie» und an der Erfassung ägyptischer Denkmäler in der Schweiz durch das Ägyptologische Seminar der Universität Basel.

# Quellennachweis der Abbildungen

Kestner-Museum, Hannover: 6, 51, 67, 87, 96, 108
Dr. Regine Buxtorf, Basel: 10o., 10u., 10/11, 12, 15, 17, 18, 19, 20, 21, 22, 24, 25, 27, 34, 35, 37, 48, 54, 60, 61, 68, 69, 70/71, 72, 77, 106, 110, 111
Ägyptisches Museum, Kairo: 16, 26, 32, 33o., 36, 45, 47, 56, 78
Privatbesitz: 23, 115
Louvre, Paris: 112
Museum für altägyptische Kunst, Luxor: 31, 33u., 50o., 50u., 75
Ägyptisches Museum Berlin, Staatliche Museen Preußischer Kulturbesitz: 44, 59, 65, 81, 82, 83, 86, 119
Aus: A. Champdor, die altägyptische Malerei, Leipzig 1957: 76
Staatliche Museen zu Berlin – DDR – Ägyptisches Museum: 84
© VG Bild-Kunst, Bonn/Spadem, Paris, 1985: 88
Sammlung Norbert Schimmel, New York: 97
Britishes Museum, London: 101
Metropolitan Museum of Fine Arts, New York: 124
Roemer-Pelizaens-Museum, Hildesheim: 38

# rowohlts bildmonographien

## Geschichte

Gösta v. Uexküll
**Konrad Adenauer** (234)

Gerhard Wirth
**Alexander der Große** (203)

Bernd Rill
**Kemal Atatürk** (346)

Marion Giebel
**Augustus** (327)

Justus Franz Wittkop
**Michail A. Bakunin** (218)

Wilhelm Mommsen
**Otto von Bismarck** (122)

Hans Oppermann
**Julius Caesar** (135)

Reinhold Neumann-Hoditz
**Nikita S. Chruschtschow** (289)

Sebastian Haffner
**Winston Churchill** (129)

Reinhold Neumann-Hoditz
**Dschingis Khan** (345)

Herbert Nette
**Elisabeth I.** (311)

Georg Holmsten
**Friedrich II.** (159)

Herbert Nette
**Friedrich II. von Hohenstaufen** (222)

Elmar May
**Che Guevara** (207)

Helmut Presser
**Johannes Gutenberg** (134)

Harald Steffahn
**Adolf Hitler** (316)

Reinhold Neumann-Hoditz
**Ho Tschi Minh** (182)

Peter Berglar
**Wilhelm von Humboldt** (161)

Herbert Nette
**Jeanne d'Arc** (253)

Wolfgang Braunfels
**Karl der Große** (187)

Herbert Nette
**Karl V.** (280)

Gösta v. Uexküll
**Ferdinand Lassalle** (212)

Hermann Weber
**Lenin** (168)

Helmut Hirsch
**Rosa Luxemburg** (158)

Edmond Barincou
**Niccolò Machiavelli** (17)

Tilemann Grimm
**Mao Tse-tung** (141)

Peter Berglar
**Maria Theresia** (286)

Friedrich Hartau
**Clemens Fürst von Metternich** (250)

Hans Peter Heinrich
**Thomas Morus** (331)

Giovanni de Luna
**Benito Mussolini** (270)

André Maurois
**Napoleon** (112)

**Thema Geschichte, Naturwissenschaft**

# rowohlts bildmonographien

**Thema Philosophie**

J.M. Zemb
**Aristoteles** (63)

Silvia Markun
**Ernst Bloch** (258)

Jochen Kirchhoff
**Giordano Bruno** (285)

Marion Giebel
**Marcus Tullius Cicero** (261)

Rainer Specht
**René Descartes** (117)

Helmut Hirsch
**Friedrich Engels** (142)

Anton J. Gail
**Erasmus von Rotterdam** (214)

Hans-Martin Sass
**Ludwig Feuerbach** (269)

Wilhelm G. Jacobs
**Johann Gottlieb Fichte** (336)

Rainer Funk
**Erich Fromm** (322)

Heino Rau
**Mahatma Gandhi** (172)

Franz Wiedemann
**Georg Wilhelm Friedrich Hegel** (110)

Walter Biemel
**Martin Heidegger** (200)

Friedrich W. Kantzenbach
**Johann Gottfried Herder** (164)

H. Gumnior/R. Ringguth
**Max Horkheimer** (208)

Hans Saner
**Karl Jaspers** (169)

Uwe Schultz
**Immanuel Kant** (101)

Peter P. Rohde
**Sören Kierkegaard** (28)

Pierre Do-Dinh
**Konfuzius** (42)

Werner Blumenberg
**Karl Marx** (76)

Ivo Frenzel
**Friedrich Nietzsche** (115)

Albert Beguin
**Blaise Pascal** (26)

Gottfried Martin
**Platon** (150)

Georg Holmsten
**Jean-Jacques Rousseau** (191)

Ernst P. Sandvoss
**Bertrand Russell** (282)

Wilhelm Mader
**Max Scheler** (290)

Jochen Kirchhoff
**Friedrich Wilhelm Joseph von Schelling** (308)

Friedrich W. Kantzenbach
**Friedrich Daniel Ernst Schleiermacher** (126)

# rowohlts bildmonographien

Walter Abendroth
**Arthur Schopenhauer**
(133)

Gottfried Martin
**Sokrates** (128)

Jürgen Naeher
**Oswald Spengler** (330)

Theun de Vries
**Baruch de Spinoza**
(171)

Johannes Hemleben
**Rudolf Steiner** (79)

Georg Holmsten
**Voltaire** (173)

K. Wuchterl/A. Hübner
**Ludwig Wittgenstein**
(275)

**Thema
Philosophie**

C 2054/5a

# rowohlts bildmonographien

**Thema Musik**

Luc-André Marcel
**Johann Sebastian Bach** (83)

Everett Helm
**Béla Bartók** (107)

Fritz Zobeley
**Ludwig van Beethoven** (103)

Volker Scherliess
**Alban Berg** (225)

Wolfgang Dömling
**Hector Berlioz** (254)

Hans A. Neunzig
**Johannes Brahms** (197)

Karl Grebe
**Anton Bruckner** (190)

Camille Bourniquel
**Frédéric Chopin** (25)

Jean Barraqué
**Claude Debussy** (92)

Kurt Honolka
**Antonín Dvořák** (220)

Richard Friedenthal
**Georg Friedrich Händel** (36)

Pierre Barbaud
**Joseph Haydn** (49)

Giselher Schubert
**Paul Hindemith** (299)

Everett Helm
**Franz Liszt** (185)

Hans Christoph Worbs
**Albert Lortzing** (281)

Wolfgang Schreiber
**Gustav Mahler** (181)

Hans Christoph Worbs
**Felix Mendelssohn Bartholdy** (215)

Heinz Becker
**Giacomo Meyerbeer** (288)

Aloys Greither
**Wolfgang Amadé Mozart** (77)

Hans Christian Worbs
**Modest P. Mussorgsky** (247)

P. Walter Jacob
**Jacques Offenbach** (155)

Lilo Gersdorf
**Carl Orff** (293)

Clemens Höslinger
**Giacomo Puccini** (325)

Vladimir Jankélévitch
**Maurice Ravel** (13)

Helmut Wirth
**Max Reger** (206)

Eberhard Freitag
**Arnold Schönberg** (202)

Detlef Gojowy
**Dimitri Schostakowitsch** (320)

Marcel Schneider
**Franz Schubert** (19)

André Boucourechliev
**Robert Schumann** (6)

Kurt Honolka
**Bedřich Smetana** (265)

Walter Deppisch
**Richard Strauss** (146)

C 2055/4

## rowohlts bildmonographien

Norbert Linke
**Johann Strauß** (304)

Wolfgang Dömling
**Igor Strawinsky** (302)

Karl Grebe
**Georg Philipp Telemann** (170)

Everett Helm
**Peter I. Tschaikosky** (243)

Hans Kühner
**Giuseppe Verdi** (64)

Michael Stegemann
**Antonio Vivaldi** (338)

Hans Mayer
**Richard Wagner** (29)

Michael Leinert
**Carl Maria von Weber** (268)

Hanspeter Krellmann
**Anton Webern** (229)

Andreas Dorschel
**Hugo Wolf** (344)

**Thema Musik**

C 2055/4a

# rowohlts bildmonographien

**Thema Religion, Pädagogik, Medizin**

**Religion**

Henri Marrou
**Augustinus** (008)

Otto Wolff
**Sri Aurobindo** (121)

Gerhard Wehr
**Jacob Böhme** (179)

Eberhard Bethge
**Dietrich Bonhoeffer** (236)

Gerhard Wehr
**Martin Buber** (147)

Maurice Percheron
**Buddha** (12)

Ivan Gobry
**Franz von Assisi** (16)

Alain Guillermou
**Ignatius von Loyola** (74)

David Flusser
**Jesus** (140)

Johannes Hemleben
**Johannes der der Evangelist** (194)

Helmuth Nürnberger
**Johannes XXIII.** (340)

Hanns Lilje
**Martin Luther** (98)

Gerd Presler
**Martin Luther King** (333)

Emile Dermenghem
**Mohammed** (47)

André Neher
**Moses** (94)

Gerhard Wehr
**Thomas Müntzer** (188)

Claude Tresmontant
**Paulus** (23)

Solange Lemaître
**Ramakrischna** (60)

Harald Steffahn
**Albert Schweitzer** (263)

Johannes Hemleben
**Pierre Teilhard de Chardin** (116)

M.-D. Chenu
**Thomas von Aquin** (45)

Gerhard Wehr
**Paul Tillich** (274)

Angelica Krogmann
**Simone Weil** (166)

**Pädagogik**

Helmut Heiland
**Friedrich Fröbel** (303)

Max Liedtke
**Johann Heinrich Pestalozzi** (138)

**Medizin**

Josef Rattner
**Alfred Adler** (189)

Wilhelm Salber
**Anna Freud** (343)

Octave Mannoni
**Sigmund Freud** (178)

Gerhard Wehr
**C. G. Jung** (152)

Ernst Kaiser
**Paracelsus** (149)

Bernd A. Laska
**Wilhelm Reich** (298)

C 2057/5

# rowohlts bildmonographien

**Thema Kunst**

Catherine Krahmer
**Ernst Barlach** (335)

Heinrich Goertz
**Hieronymus Bosch** (237)

Kurt Leonhard
**Paul Cézanne** (114)

Juerg Albrecht
**Honoré Daumier** (326)

Dietrich Schubert
**Otto Dix** (287)

Franz Winzinger
**Albrecht Dürer** (177)

Lothar Fischer
**Max Ernst** (151)

Gertrud Fiege
**Caspar David Friedrich** (252)

Herbert Frank
**Vincent van Gogh** (239)

Jutta Held
**Francisco de Goya** (284)

Lothar Fischer
**George Grosz** (241)

Michael Töteberg
**John Heartfield** (257)

Peter Anselm Riedl
**Wassilij Kandinsky** (313)

Carola Giedion-Welcker
**Paul Klee** (52)

Catherine Krahmer
**Käthe Kollwitz** (294)

Norbert Huse
**Le Corbusier** (248)

Kenneth Clark
**Leonardo da Vinci** (153)

Heinrich Koch
**Michelangelo** (124)

Liselotte v. Reinken
**Paula Modersohn-Becker** (317)

Wilfried Wiegand
**Pablo Picasso** (205)

Christian Tümpel
**Rembrandt** (251)

Ernst Nündel
**Kurt Schwitters** (296)

Matthias Arnold
**Henri de Toulouse-Lautrec** (306)

Lothar Fischer
**Heinrich Zille** (276)

C 2056/6

## rowohlts bildmonographien

Michael Schwarze
**Luis Buñuel** (292)

Wolfram Tichy
**Charlie Chaplin** (219)

Reinhold Reitberger
**Walt Disney** (226)

Heinrich Goertz
**Gustaf Gründgens** (315)

Wolfram Tichy
**Buster Keaton** (318)

Michael Töteberg
**Fritz Lang** (339)

Heinrich Goertz
**Erwin Piscator** (221)

Leonhard M. Fiedler
**Max Reinhardt** (228)

**Thema
Theater,
Film**

C 2056/6a

# Geschichte griffbereit

Grundkurs und Nachschlagewerk für Studenten,
Praktiker, Geschichtsinteressierte zum Verstehen und
Behalten welthistorischer Prozesse.
Von Imanuel Geiss.

**1** **Daten**
der Weltgeschichte
Die chronologische
Dimension der Geschichte
(6235)

**2** **Personen**
der Weltgeschichte
Die biographische
Dimension der Geschichte
(6236)

**3** **Schauplätze**
Die geographische
Dimension
der Weltgeschichte
(6237)

**4** **Begriffe**
Die sachsystematische
Dimension
der Weltgeschichte
(6238)

**5** **Staaten**
Die nationale
Dimension
der Weltgeschichte
(6239)

**6** **Epochen**
der Weltgeschichte
Die universale
Dimension der Geschichte
(6240)

# Theater im 20. Jahrhundert

Manfred Brauneck

**Programmschriften, Stilperioden, Reformmodelle**

rororo handbuch 6290

Dokumentiert, analysiert und kommentiert werden die wichtigsten theaterästhetischen Programmschriften, Stilperioden und Reformmodelle von der Jahrhundertwende bis zu den 80er Jahren – von Max Reinhardt bis Jerzy Grotowski, von den Theaterexperimenten des Bauhauses bis zur amerikanischen Theatersubkultur. Der einleitenden Skizze einer Theorie des Theaters folgen die fünf Kapitel:

- «Theater der Zukunft»: Stilbühne und Theaterreform um 1900
- Revolte – Erneuerung – Experiment
- Politisches Theater – Episches Theater – Dokumentartheater
- Das Schauspieler-Theater
- Theater der Erfahrung – Freies Theater

Der Band schließt mit einer

- Chronik des Theaters im 20. Jahrhundert: Daten und Ereignisse.

Damit liegt für jeden Theaterinteressenten ein unentbehrliches Handbuch vor, das über die Entwicklung der Theatermoderne umfassend informiert.

2047/1